エプケ教授講演集

経済統合・国際企業法・法の調整

ヴェルナー・F. エプケ 著

山 内 惟 介 編訳

日本比較法研究所
翻訳叢書 48

原著者序文

グローバル化の進展は、私人間で行われる物品取引やサーヴィス取引、資本取引および支払流通、さらに労働力市場および公的部門、これらほぼすべての分野に亘ってみられる現象である。グローバル化がどのようにして生まれたか、またグローバル化がどのような影響を他に及ぼしているかといった点に関する学問的取組みの中心は、何よりもまず、国際社会で占めるべき地位をめぐる競争において各国民国家の採用する政策がそれぞれどのような反響を呼び起こすかという点についての探求に置かれていた。国民国家が経済的、さらには政治的な統一を目指して行う相互協力の度合いが比較的大きいときは――その例はヨーロッパ連合や北アメリカ自由貿易協定である――、このほか、当該グループ加盟の諸国間で行われる競争や加盟国全体がひとつのグループとして第三国に対する関係で行う競争で達成すべき望ましい解決策の探求も行われている。しかしながら、近年では、学問的関心の中心は、グローバル化と加盟諸国法秩序との相互依存関係の有無およびその内容如何というテーマに移りつつある。この点でますます重要性を帯びてきたのが国際経済法（Wirtschaftsvölkerrecht）である。それは、国際経済法が、加盟諸国の法秩序に欠けている部分を補完する手段として機能するものだからである。

しかしながら、経済のグローバル化の対応物として、統一されたひとつの世界経済的秩序維持政策という意味での法のグローバル化を目指す動きは、まだごく概括的にしか認識できるようにはなっていない。民間部門と公的部門との配分に関するグローバルな秩序の制度化に関わる余りにも深い溝が、依然として、工業国とまださほど工業化されていない諸国との間にあり、世界の富める地域と貧しい地域との間にあるからである。世界経済的な視点から個々の配分秩序を創設することは、市場経済という観点について基本的同意がないためだけでなく、法治国家の原理、すなわち「法の支配（rule of law）」の内容および意味に関しても、自由と平等との関係に関しても、諸国の見解が余りにもかけ離れすぎているために、難しくなっている。というのは、立法者、裁判所、国際的組織（たとえば、世界貿易機関および国際通貨基金）、そして民間のルール形成者（たとえば、アメリカ合衆国会計基準委員会（FASB＝Financial Accounting Standards Board）やロンドンに本部を有する国際会計基準協会（IASC＝International Accounting Standards Committee））がそれぞれに経済のグローバル化に対する制度的な答えを探求するにあたって用いていた選択肢が戦略的にみてまったく異なったものだからである。これらの選択肢は、法が有する領域的制約を克服すること、従って最終的には、ますますグローバル化の程度を増しつつあるひとつの経済における制度としての法を普遍的に開放することを等しく狙ってはいるものの、そのやり方は区々であり、コストや結果、時間的な見通しも異なっている。どの選択肢が用いられるかに応じて、関連する法も、同時に変更されている。法の変更が将来の法曹養成に対して及ぼす影響も広範囲に亘っている。

本書は、経済および法のグローバル化がもたらす多くの問題のうちから、若干の重要な問題を取り上げたものである。各章が示すように、経済のグローバル化の結果生じるさまざまな課題に対して法および法曹養成の側から提供されてきた解答は、そのいずれも静止した固定的なものではなく、可変的なものである。それゆえ、実務法曹であれ、法律学研究者であれ、法律学を学ぶ学生であれ、誰もが常に、グローバル化の動きについても最新の事態に目を向け、右の課題を考え続けなければならないであろう。

本書に収録された各論稿の基礎となった講演四編は、二〇〇一年九月末から一〇月初めにかけて、敬愛する同僚でもある親しい友人、山内惟介教授を介して招聘された中央大学法学部および日本比較法研究所で行われたものである。著者は、山内教授および同教授の主催による講義および演習等の参加者全員に対して、各位が示唆に富む多くの問題提起と討論への参加によって著者に刺激を与えられたことに対して心から感謝することとしたい。中央大学での知的交流から得られた良き思い出は今後も著者の記憶から消え去ることはないであろう。

コンスタンツにて、二〇〇一年一二月

ヴェルナー・F・エプケ

編訳者まえがき

ここに訳出したのは、二〇〇一年九月から一〇月にかけて中央大学客員教授として来日されたドイツ連邦共和国コンスタンツ大学ヴェルナー・F・エプケ教授が本学において行われた四編の講演原稿である。第一論文は法学部国際企業関係法学科三年次開設科目「国際取引法」(九月二七日(木曜日)三時限)および同学科四年次選択科目「専門演習(国際企業法)」(同日四―五時限)の時間に、第二論文は日本比較法研究所講演会(九月二八日(金曜日))で、第三論文は同学科三年次選択科目「専門演習(国際企業法)」(九月二六日(水曜日)五時限)の時間帯を利用して、そして第四論文は同学科一年次必修科目「比較法文化論」(九月二六日(水曜日)一時限)の枠内でそれぞれ行われたものである。いずれの場合も、講演の一〇日前には講演全文の翻訳原稿が出席予定者に配布され、講演当日はほとんどの時間が質疑応答に当てられた。そうした質疑応答の要旨は浅利朋香氏(中央大学大学院法学研究科国際企業関係法専攻博士前期課程在学)により簡潔に整理され、各論文の末尾に付記されている。なお、第二論文の訳文表現に関しては楢﨑みどり氏(小樽商科大学商学部企業法学科助教授)から有益な示唆を受けた。第三論文の訳出は、この主題を一貫して研究されている實川和子氏(青森中央学院大学経営法学部専任講師)にお願いすることとした。

原著者エプケ教授は、一九五一年九月一〇日にニーダーザクセン州オスナブリュック近郊のホルツハウゼンに生まれた。一九七〇年にアビトゥーア(大学入学資格試験)合格後、二年間の兵役義務に従事。一九七二年/一九七三年冬学期から一九七六年/一九七七年冬学期までミュンスター市のヴェストフェーリッシェ・ヴィルヘルム大学で法学を修められた。一九七七年五月から同年七月までおよび一九七九年四月から一九八三年七月まで同大学法学部外国私法・外国経済法および国際私法・国際経済法研究所（Institut für ausländisches und internationales Privat- und Wirtschaftsrecht）でグロスフェルト教授の助手等を歴任。一九七七年四月一六日に第一次司法国家試験合格。一九七七年冬学期から一九七八年夏学期にカリフォルニア大学バークレー校（University of California at Berkeley School of Law (Boalt Hall)）に留学、一九七八年五月二〇日に同校で法学修士号取得。一九八一年一二月四日に、グロスフェルト教授の指導のもとに行った「公認会計士と第三者責任（Wirtschaftsprüfer und Dritthaftung）」の研究によりミュンスター大学で法学博士号取得。一九八一年一一月から一九八三年三月にかけてオルデンブルク上級地方裁判所管内で司法実務修習の後、一九八三年三月一八日にニーダーザクセン州法務省で第二次司法国家試験に合格。一九八五年七月三〇・三一日にニューヨーク州の弁護士資格取得、同年四月一〇日に第五巡回連邦控訴裁判所でも弁護士資格取得。一九八三年冬学期から一九八八年夏学期までアメリカ合衆国テキサス州ダラスのサザン・メソジスト大学ロースクールで客員助教授等を歴任。「国際外国為替法（Internationales Devisenrecht）」の研究により、一九八七年一二月一七日にミュンスター大学で民法、経済法、租税法および国際私法の諸分野についての大学教授資格取得。一九八八年六月一七日以降、バーデン゠ヴュルテンベルク州コンスタンツ市にあるコンスタンツ大学法学部正教授として、民法、経済法、租税法および国際私法を担当。このほか、コンスタンツ地方裁判所裁判官などの学外職も経験されている。

同教授の活動は右の経歴が示すように、ドイツ連邦共和国とアメリカ合衆国の両国に跨って幅広く行われている。エプケ教授の学問的活動は本書の末尾に掲げられた著作目録からも知られるように、民法、商法、経済法、国際私法など多方面に亘るが、同教授の名を高からしめたのは何といっても国際外国為替法に関する浩瀚なその大学教授資格取得論文であろう。同書は『国際外国為替法（上・下）』（中央大学出版部、一九九五年）として實川和子氏により邦訳されているほか、ロシア語にも翻訳されている。エプケ教授の学理的関心はグロスフェルト教授の影響を受けて、近年、国際会社法を初めとして、国際企業活動に関する多面的な法律問題にも広がりをみせている。同教授に対するドイツ、アメリカ合衆国での評価の高さは、エプケ教授がドイツおよびアメリカ合衆国の専門誌（“Schriftenreihe zum Deutschen, Europäischen und Vergleichenden Wirtschaftsrecht”, “Zeitschrift für Vergleichende Rechtswissenschaft”, “The International Lawyer” など）の共同編集者として名を連ねていることからも容易に知られよう。エプケ教授には、これまでの研究活動における顕著な業績に対して、Max-Planck-Forschungspreis（1991）や、Prestasi Brokers Award, Randse Afrikaanse Universiteit, Johannesburg, Sudafrika (1989)、Buchpreis der Kommision der Europäischen Gemeinschaften (1983) などが与えられている。

本書の刊行がここで取り上げられた主題に関心を抱くわが国の関係者にとって有益な問題提起となれば、何よりの幸いといわなければならない。多忙な時間を割いて特に本学の招きに応じ、本学法学部とコンスタンツ大学法学部との国際交流に尽力されたエプケ教授の御厚情に対し、同教授招請計画に関わった者として、ここに改めて謝意を表しておきたい。なお、本書の刊行にあたっても、中央大学出版部、矢崎英明氏の御助力を得た。記して謝意を表することとしたい。

二〇〇一年一二月一〇日

山内惟介

経済統合・国際企業法・法の調整――目　次

国際会社法における本拠地法説

Sitztheorie im deutschen und europäischen Internationalen Gesellschaftsrecht

山内惟介訳

目次

第一章　はじめに

ヨーロッパ共同体裁判所のセントロス社事件[1]に関する一九九九年三月九日判決は、国際会社法上基本的な、それも、かなりの点で未解決のままになっている問題、すなわち、本拠地法説がヨーロッパ共同体条約第四三条および第四八条と合致するか否かという点について、新たな論議を呼び起こした。[2]本拠地法説という抵触法上の原則で承認されているところによると、ひとつの国だけが会社の内部事項を規律する権限を持つべきであり、しかも、その権限は会社が「現実の」本拠を有する国に属する。[3]そこにいう「現実の本拠」という文言をどのように理解すべきかについて、一般に受け入れられるような確立した定義はない。しかし、普通に理解されているところによれば、この文言で示されているのは、会社中枢部の経営判断が日常業務のレヴェルで実行される場所である。[4]このような理解のもとに、本拠地法説は、その存在形式を異にしつつも、ヨーロッパ連合加盟国の大多数で適用されてきている。[5]本拠地法説によると、準拠法となるのは、会社に対して最も密接な関係を有する国の法である。[6]周知のように、本拠地法説では、発起人による設立国の選択が、それゆえ、当該法人を規律する準拠法の選択が制限されている。このほか、本拠地法説は、会社設立後に会社が行う準拠法選択に対しても広範な影響を及ぼしている。[7]

こうした本拠地法説のアプローチとまったく異なるアプローチを適用しているのが、アルファベット順でいうと、イギリス、デンマーク、オランダ、イタリア、スイス、そしてもちろんアメリカの裁判所である。たとえば、オランダ法[8]およびイギリス法[9]では、アメリカ合衆国五〇州の法[10]のもとにおけるのと同様に、発起人に設立国を選ぶ自由がある。これらの国の会社に関する準拠法決定原則によると、一般に、裁判所は会社とその役員、取締役および株主、これらの間の関係に対して設立準拠法を適用しようとしている(「内部事項原則」、「設立国法説」ないし設立準拠法説)[11]。寛大な内部事項原則や設立準拠法説を採用してきた法域(国および州)の多くでは、それでも、会社法の選択に際して制限が加えられている。たとえば、自国民保護に努めるべく、いくつかの国では、制定法または裁判上創設された抵触規則により、たとえ他の国で設立されているとしても自国と密接な関連性を有する会社に対して、自国の内部事項ルールやその他の会社法ルールの一部または全部が適用されている[12]。

本章の論旨は、右の未解決の問題、すなわち、本拠地法説がヨーロッパ共同体条約第四三条および第四八条に合致するか否かという問題に対して直接に答えようとするものではない。イィーバーゼーリング社事件でヨーロッパ裁判所がやがて下すであろう判決[13]がどのような意味を有するかという点も、本章で設定される控えめな検討範囲には入らない。さらに、ヨーロッパ株式会社規則や第五次会社法指令が採用された結果とそれが会社に関する抵触法に及ぼす影響いかんという点も本章の想定する検討範囲ではない。むしろ、著者が求められているのは、本拠地法説のドイツ版である Sitztheorie が登場した背景、その起源、その適用範囲と含意、これらについての説明である。というのは、本拠地法説の背景、起源、適用範囲およびその含意、これらについての理解が明確でなければ、ヨーロッパ共同体条約第四三条および第四八条のもとでの(第一次および第二次)移動の自由を求める権利に照らした本拠地法説の行く末をめぐる当面の論議も必要な前提的基盤を欠くことになるからである。本章で集中的に取り上げようとするのは、まずもって会社の抵触法である。もっとも、ここでの考察、結論、そしてそこで行われる提案のいくつかは、法人格を持たない企業団体、たとえば有限責任パートナーシップのようなものにも同じように適用することができよう。

本章では、まず本拠地法説の背景をいくつか取り上げる(第二章)。次に焦点が当てられるのは、本拠地法説の歴史的基盤とそれに関するドイツの判例法である（第三章）。それに続けて、本拠地法説の基礎にある基本的な政策的配慮が概観される（第四章）。最後に、簡潔に説明されるのが、本拠地法説が実務上どのような意味を有するかについてである（第五章）。

（1） Case C-212/97, *Centros Ltd. v. Erhverus- og Selskabsstyrelsen*, [1999] ECR I-1459.

（2） ごく最近の展開について参照されるのは、*Ebke*, Centros – Some Realities and Some Mysteries, 48 Am. J. Comp. L. 623 (2000) である。

（3） 参照されるのは、*Großfeld*, Commentary, in: *von Staudinger*, Kommentar zum Bürgerlichen Gesetzbuch, Internationales Gesellschaftsrecht (1998) pp. 7 & 64 である。

（4） 後注(50)参照。

（5） *Ebke & Gockel*, European Corporate Law, 24 Int'l Law. 54, 55 (1990).

（6） *Großfeld*（前注(3)）. p. 10.

（7） 後注(137)ないし(151)の付された本文をも参照。

（8） 後注(99)および(109)の付された本文参照。

（9） 後注(89)および(104)ないし(107)の付された本文参照。

（10） 詳細について参照されるのは、たとえば、*Scoles & Hay*, Conflict of Laws (2d ed. 1992) pp. 322-349; *Beveridge*, The Internal Affairs Doctrine: The Proper Law of a Corporation, 44 Bus. Law. 693 (1989); *DeMott*, Perspectives on Choice of Law for Corporate Internal Affairs, 48 L. & Contemp. Probs. 161 (1985); *Reese & Kaufman*, The Law Governing Corporate Internal Affairs: Choice of Law and the Impact of Full Faith and Credit, 58 Colum. L. Rev. 1118 (1958); *Göthel*, Internationales Gesellschaftsrecht in den USA: Die Internal Affairs Doctrine wankt nicht, 46 RIW 904 (2000) である。

（11） アメリカ合衆国における内部事項原則の起源に関する熟慮された分析について参照されるのは、*Buxbaum*, The Origins of the American 'Internal Affairs' Rule in the Conflict of Laws, in: *Musielak & Schurig* (Hrsg.), Festschrift für

Gerhard Kegel (1987) p. 83 である。
(12) 後注(96)ないし(109)の付された本文参照。
(13) Case C-208/00-*Überseering B.V. v. NCC Nordic Construction Company Baumanagement GmbH.*

第二章 背景

ドイツでは、ヨーロッパ連合の他のいくつかの加盟国と異なり[14]、会社の抵触法は制定法上定められていない。

第一節 不文の抵触法ルール

ドイツの民法典施行法には、私法上の諸問題(たとえば、契約、不法行為、家族関係、相続、代理関係および不当利得)の準拠法を決定するルールおよび原則が規定されている。民法典施行法は、伝統的に会社の準拠法に関しては沈黙している[15]。一九〇〇年一月一日公布の民法典施行法第一〇条は一九六四年に廃止されたが、この規定で唯一取り上げられていたのがきわめて限定された問題、すなわち、ドイツ裁判所による外国社団の承認という問題であった[16]。改正民法典施行法の施行は一九八六年九月一日であった。改正された民法典施行法では、裁判所が企業団体の内部事項に対してどの法を適用するよう求められているかという問題を、明らかに未解決のものとして残している。改正法第三七条が定めるように、一九八〇年六月一九日の契約債務準拠法に関するローマ条約の抵触法的諸原則は、組合、社団および法人には適用されない。それゆえ、会社の形態、法的能力、権限、内部組織および清算、株主、取締役またはは役員・代表者の責任といった諸問題についての準拠法を、たとえ当該会社が契約（組合契約）に基づいて成立していたとしても、契約関係に適用される抵触法的諸原則に基づいて決定することはできない。ドイツの立法者は会社に関する抵触法的諸原則の法典化を差し控えている。というのは、そうした作業が、企業団体に関する加盟国法を調和させるべく、ヨーロッパ連合で行われているからである。(17)

周知のように、ドイツ立法者のこうした判断は一九六八年二月二九日の会社および法人の相互承認に関するヨーロッパ経済共同体条約の内容に近い見解に沿ってなされたものであった。この相互承認条約で一般に認められているのは設立準拠法説であるが、本拠地法説に従っている諸国のためにこれに対する例外も定められている。(18)この条約の基礎はヨーロッパ経済共同体条約第二九三条（以前の第二二〇条）にある。しかし、この相互承認条約は発効しなかった。それは、オランダによる批准が欠けていたからである。(19)この条約が近い将来において復活する可能性はほとんどないであろう。それでも、何人かの論者により、「会社に関する相互承認条約についての諸提案をより肯定的に再評価する」ための論拠が挙げられてきた。(20)ドイツが他の四つのヨーロッパ共同体原加盟国と同様に一九六八年の相互承認条約を批准していたというのは事実であるが、そうした事実も、ドイツの、会社に関する抵触法的諸原則に対してなんら直接の法的効果を持つものではない。(21)特に、ドイツの裁判所は、同条約中に定められている会社に関する抵触法的諸原則のいずれかを適用するよう、求められているわけではない。(22)

第二節　国際公法

一般に認められているところによれば、どの国にも、外国会社の法人格を承認する国際法上の義務はない[23]。現在発効しているどの国際条約も、ドイツに対して、会社に関する特別の抵触法的諸原則の適用や外国会社の法的能力の承認を求めてはいない。たとえば、一九五一年一〇月三一日の外国の組合、社団および財団の法人格の承認に関するハーグ条約に、ドイツは署名していない。この条約は他のどの国でも発効しなかった[24]。ドイツが当事国となっている人権および基本的自由に関するヨーロッパ条約は、署名国の裁判所に対し、外国会社の法人格の承認を求めるものではない[25]。もっとも、「背信行為」の存在が示されたときは、この限りではないとされている[26]。これと同様に、一九六八年の民事および商事の事件の裁判管轄権および裁判の承認・執行に関するブリュッセル条約も、いつ企業団体や法人が条約当事国により承認されるべきかという問題を明示的に未決定のまま残している[27]。

二国間条約、たとえば、ドイツが当事国となっている友好・通商・投資保護条約も、ドイツの裁判所に対して、会社に関するなんらかの抵触法的ルールの適用を求めてはいない。そうした条約で定められているのは、普通、いずれか一方の当事国法に従って形成された会社の相互承認であるが、大多数の二国間条約では、当該企業が条約の目的上法人とみなされ得るか否かを決定する上でどの法が適用されるべきか、またどの法が会社の内部事項に適用されるかといった問題は取り上げられていない[28]。この点は、少なくともドイツにおける大多数の注釈書執筆者の見解では、一九五四年一〇月二九日のドイツ・アメリカ合衆国友好通商条約第二五条第五項についてもあてはまる[29]。また、ドイツの二重課税防止条約も、他の国際租税条約と同様、その典型をみると、会社に関する抵触法を取り上げていない。それは、租税条約の目的からみた企業の分類上採用されているルールおよび原則が、商法および会社法の目的から適用されるものとはまったく異なっているからである。[30]

第三節　ヨーロッパ法

ヨーロッパ連合法がヨーロッパ連合内の諸国の会社に関する抵触法に対してどのような影響を及ぼしたかという点は、まだ明らかではない。前述のように、ヨーロッパ共同体条約第二九三条（以前の第二二〇条）に従った国際条約によって、加盟国会社の相互承認という問題を解決しようとする努力は、実を結ばなかった。[31] このように、以前から、ヨーロッパ連合は、ヨーロッパ共同体条約第六五条b号に基づき加盟諸国の会社に関する抵触法的諸原則の同調性を高めるための手段を採る権限を行使してこなかった。[32] しかしながら、ヨーロッパ連合内での会社準拠法選択に関するヨーロッパ共同体条約第四三条および第四八条の効果に関する実質的な討議は、現在でも行われていないし、今後も行われることはないであろう。何人かの注釈者が示唆しているところによると、ヨーロッパ共同体条約第四三条および第四八条は、発起人に対して設立国を、それゆえ会社の準拠法（プロパー・ロー）を選択する権利が与えられることを求める規定であると解されている。[33] しかし、他方で何人かの学者は、会社がその設立国よりも自国との間でより多くの実質的関連性を有するときは、自国法を全部または一部、他の加盟国で組織された会社に対して強制的に適用する権限を加盟国に進んで認めようとしている。[34] 一般に会社のプロパー・ロー選択権を発起人に付与することに賛成している注釈者が示唆しているところでは、会社は、その設立後に、自己の経営・監督に関する中枢機関をある加盟国から他の加盟国へ移転する権限も認められているので、移転によってその会社が解散されることはない。[35]

逆に、他の注釈者がその主張を支えるために重点的に依拠しているのが、ヨーロッパ裁判所のディリー・メイル決定の付随的意見である。彼らの主張によれば、「共同体法の現状では」[36]、ヨーロッパ共同体条約第四三条および第四八条（以前の第五二条および第五八条）は、正当に解釈すると、発起人に対し設立国を自由に選択する権利を与えているというようには解釈できず[37]、また「いずれかの加盟国法に従って設立されている会社に、最初の加盟国法のもとで設立された会社としての地位を保持しながら、その経営・監督に関する中枢機関およびその中枢管理機関を他の加盟国に移転する権利」を与えているというように解釈することもできない[38]。これらの著者の到達した結論によれば、セントロス判決はディリー・メイル決定を覆したものではなく、論議のあるディリー・メイル決定の付随的意見の中で同裁判所が明言した見解から離れてはいない[39]。このようにみてくると、これまでのところ、ヨーロッパ共同体裁判所はこの争点を規律する機会を持っていなかったことになる[40]。

（14） 詳細について参照されるのは、たとえば、*Großfeld*（前注（3））pp. 42-44；*Kindler,* Commentary, in : *Rebmann, Säcker & Rixecker* (Hrsg.), Münchener Kommentar zum BGB, Internationales Gesellschaftsrecht (3. Aufl 1999) pp. 129-130. である。

（15） *Großfeld*, Praxis des Internationalen Privat- und Wirtschaftsrechts. Rechtsprobleme multinationaler Unternehmen (1975) pp. 38-40 & 44-47 ; *Siehr,* Private International Law, in : *Ebke & Finkin* (eds.), Introduction to *German Law* (1996) pp. 337, 354.

（16） 第一〇条の詳細について参照されるのは、*Großfeld,* Commentary, in : *von Staudinger,* Kommentar zum Bürgerlichen Gesetzbuch mit Einführungsgesetz und Nebengesetzen (12. Aufl. 1981) pp. 305-306 である。

（17） 参照されるのは、BT-Drucksache 10/504, p. 29 である。

（18） 参照されるのは、*Siehr, Internationales Privatrecht* (2001) p. 305 である。

（19） *Ebke*（前注（2））. 48 Am. J. Comp. L. 623, 638 (2000).

（20） *Drury*, The Regulation and Recognition of Foreign Corporations: Responses to the 'Delaware Syndrome', 57 Cambridge L. J. 165, 194 (1998).

（21） *Großfeld*（前注（3））, p. 33.

（22） *Ebke*, Das Internationale Gesellschaftsrecht und der Bundesgerichtshof, in: *Canaris, Heldrich, Hopt, Roxin & Schmidt* (Hrsg.), Festgabe aus der Wissenschaft zum 50-jährigen Bestehen des Bundesgerichtshofs (2000) pp. 799, 803.

（23） *Großfeld*（前注（3））, p. 10.

（24） *Großfeld*（前注（3））, p. 39; *Siehr*（前注（18））, p. 305. 一九八四年一〇月二〇日の信託およびその承認の準拠法に関するハーグ条約はドイツでは発効していない。参照されるのは、*Kropholler*, Internationales Privatrecht (4. Aufl. 2001) pp. 533–534である。

（25） 参照されるのは、ハイデルベルク区裁判所、46 RIW 557, 558 (2000) である。加盟諸国による会社準拠法選択原則上の人権保護および基本的自由に関するヨーロッパ条約がもたらした影響の詳細について参照されるのは、*Ebke*, Unternehmensrecht und Binnenmarkt-E pluribus unum?, 62 RabelsZ 195, 212–213 (1998); *Großfeld & Piesbergen*, Internationales Gesellschaftsrecht in der Diskussion, in: *Immenga, Möschel & Reuter* (Hrsg.), Festschrift für Ernst-Joachim Mestmäcker (1996) pp. 881, 886–887; *von Bar*, Menschenrechte im Kollisionsrecht, 33 BerDtGesVölkR 191, 200 (1994). これと正反対の見解について参照されるのは、*Meilicke*, Unvereinbarkeit der Sitztheorie mit der Europäischen Menschenrechtskonvention, 38 RIW 578 (1992). さらに、人権が抵触法に及ぼす影響について一般的に参照されるものとして、*Looschelders*, Die Ausstrahlung der Grund- und Menschenrechte auf das Internationale Privatrecht, 65 RabelsZ 463 (2001).

（26） 参照されるのは、フランス破毀院刑事部、110 Revue des Sociétés 39 (1992) である。

（27） 対比されるものとして、*Kropholler*, Europäisches Zivilprozeßrecht (6. Aufl. 1998) p. 449.

（28） *Großfeld*（前注（3））, pp. 54–59.

（29） 参照されるのは、たとえば、*Berndt*, Die Rechtsfähigkeit US-amerikanischer Kapitalgesellschaften im Inland, 51 JZ 187 (1996); *Ebke*（前注（25））, 62 RabelsZ 195, 212–213 (1998); *Großfeld*（前注（3））, p. 56; *Kegel & Schurig*, Internationales Privatrecht (8. Aufl. 2000) p. 515. これと反対の見解について参照されるのは、デュッセルドルフ上級地方裁判所、42 RIW 859 (1996); これに賛成しているのは、*Ebenroth & Dillon*, Gaining the Competitive Edge: Access to the European Market Through Bilateral Commercial Treaties and Taxation Strategies, 28 Texas Int'l L. J. 269 (1993); *Siehr*（前注（18））p. 306.

（30） *Großfeld*（前注（3））, p. 59. さらに一般的に参照されるものとして、*Hermann,* Die Einordnung ausländischer Gesellschaften im deutschen, US-amerikanischen und europäischen Internationalen Steuerrecht (2001).

（31） 前注（19）の付された本文参照。

（32） 激しい論争が行われているヨーロッパ共同体条約第六五条という規定の詳細について参照されるものとして、たとえば、*Jayme & Kohler,* Europäisches Kollisionsrecht 2000 : Interlokales Privatrecht oder universelles Gemeinschaftsrecht ?, 20 IPRax 454 (2000); *Kohler,* Interrogations sur les sources du droit international privé européen après le Traité d'Amsterdam, 88 Revue crit. d. i. p. 1 (1999) がある。

（33） 参照されるのは、たとえば、*Drobnig,* Gemeinschaftsrecht und internationales Gesellschaftsrecht : 'Daily Mail' und die Folgen, in : *von Bar* (Hrsg.), Europäisches Gemeinschaftsrecht und Internationales Privatrecht (1991) p. 185; *Knobbe-Keuk,* Niederlassungsfreiheit : Diskriminierungs- oder Beschränkungsverbot ?, 43 DB 2573 (1990) である。

（34） *Sandrock,* Centros : Ein Etappensieg für die Überlagerungstheorie, 54 BB 1337 (1999); *Höfling,* Die Centros-Entscheidung des EuGH-auf dem Weg zu einer Überlagerungstheorie für Europa, 52 DB 1206 (1999).

（35） 詳細について参照されるものとして、たとえば、*KPMG,* Transfer of the Head Office of a Company from one Member State to another without Dissolution (1993). 後注（146）ないし（152）の付された本文をも参照。

（36） Case C-81/87-*The Queen v. HM Treasury and Commissioners of Inland Revenue, ex parte Daily Mail and General Trust plc,* [1988] ECR 5483, 5512 (para. 25).

（37） 参照されるものとして、たとえば、*Großfeld*（前注（3））, pp. 27-30; *Kindler*（前注（14））, pp. 118-125.

（38） Case C-81/87-*The Queen v. HM Treasury and Commissioners of Inland Revenue, ex parte Daily Mail and General Trust plc,* [1988] ECR 5483, 5512 (para. 24).

（39） *Ebke*（前注（2））, 48 Am. J. Comp. L. 623, 641 & 660 (2000); *Ebke,* Das Schicksal der Sitztheorie nach Centros, 54 JZ 656 (1999); *Kindler,* Niederlassungsfreiheit für Scheinauslandsgesellschaften, 52 NJW 1993 (1999); *Lange,* Anmerkung, 1999 DNotZ 599; *Zimmer,* Mysterium 'Centros', 164 ZHR 23, 31 (2000).

（40） しかしながら、後注（83）ないし（86）の付された本文参照。

第三章　ドイツ裁判所の見方

会社抵触法に関する国内のルールも国際的ルールもなかったため、ドイツの裁判所には、ドイツで事業を営む外国会社および外国で事業を営むドイツ会社に関して増加する一方の事件を処理するような、会社に関する抵触法的ルールおよび諸原則の体系をどのように考えるかという問題を取り上げ、そこに生じるさまざまなギャップを埋め、そしてしかるべき体系を確立することが求められていた。(41)

第一節　歴史的基盤

一九世紀には、ドイツおよびヨーロッパの他の諸国では、裁判所も注釈者も、会社に関する抵触法的争点を解決するきわめて多様な原則、ルール、そして学説を提示してきた。(42) 提案された多くの連結点の中にあったのは、設立地、会社の株式購入の約束地、支配的株主または役員の国籍、会社の経営・監督に関する中枢機関所在地、中枢管理機関所在地および会社の事業施設所在地、これらである。(43) フランスの学者(44)および裁判所(45)は会社準拠法を決定する上で本拠地法説に賛成していた。ベルギーは本拠地法説を制定法上承認したヨーロッパで最初の国であった。(46) 一九〇四年に、当時のドイツ最高裁判所であったライヒ裁判所も、会社の内部事項は会社がその「本拠」を有する国の法により規律されるという基本的ルールを承認した。(47) 同裁判所によると、本拠をドイツに有する会社はドイツ法のもとで設立されることが必要であった（本拠地法説）が、それと同時に、つねに、国際公法や二国間条約上の一般原則の諸要件にも服する。それゆえ、逆の言い方をすると、本拠地法説のもとでは、「本拠」をドイツ国外に有する事業団体はドイツ法のもとでは設立できないものとされていた。[48]

第二節　第二次世界大戦後の判例法

第二次世界大戦後すぐ、民事事件に関するドイツの最高裁判所である連邦通常裁判所は、ライヒ裁判所が採用した見解に従い、会社の抵触法的諸問題を解決するルールとして本拠地法説を採用した。[49]

1　一般的諸原則

本拠地法説という表現の中でその中心をなす用語は「本拠」である。この語が示すのは、会社の設立文書または定款に述べられた本拠（定款上の本拠）ではなく、むしろ会社の「現実の」または「実効的な」本拠（実効的管理機関の本拠）である。最高裁判所の解釈では、「現実の本拠」という用語は「経営者による基本的な事業判断が日常の企業活動に実効的に実践される」場所を意味する。[50] 会社の現実の本拠地を決定する上で、裁判所はいくつかの要素に目を向けた。[51] さらに、ドイツの裁判所は、当事者間に当該争点について一致がない場合、どちらの当事者が会社の現実の本拠の所在地につき証明責任を負うかの決定に関しても、一連の技巧的ルールを発展させてきた。[52] ドイツ最高裁判所によると、現実の本拠地国の法が会社の形態、その存立およびその清算を規律する。[53] 会社が会社準拠法に従って正当に組織されていれば、承認という結果が法律上生じよう。[54] 自動的承認を認める原則のもとでは、承認という独立した行為はドイツ法上もはや必要ではない。

これまで五〇年以上に亘ってドイツの最高裁判所が適用してきた本拠地法説には、例外はない。[55] ドイツの下級審もこの説に従っている。[56] 本拠地法説を適用するにあたり、裁判所はヨーロッパ連合の他の加盟国で組織された会社と他の国で設立された会社とを区別していない。むしろ、本拠地法説が会社に適用される場合には、その設立国がどこかは重要ではない。会社が法人としての存在に関しては明らかに設立されているものとみなされる場合であっても、なお議論のあるのが、本拠地法説が法人格なき企業団体、たとえば一般的パートナーシップ（合名会社）や限定的パートナーシップ（合資会社）にも適用されるかどうか、どの範囲で適用されるかといった諸点である。[57]

2 適用範囲

その発足当初から、本拠地法説の通用性、適用範囲および効果は、ドイツ裁判所により、きわめて広範囲に亘る事案で審理されてきた。そうした事案に含まれるものとしては、決して以下のものに限られるわけではないが、東ドイツ政府により行われた西ドイツに居住する株主の保有株式に対する収用[58]や西ドイツに所在する法人財産の収用、[59] それに、リヒテンシュタイン大公国で組織された擬似外国会社（いわゆる「郵便受け会社」）の承認、[60] これらがある。比較的最近の裁判例でも取り扱われたのは、イギリスの私法上の有限会社が単独の法人代表者としてドイツの限定的パートナーシップ（合資会社）に参加する努力、[61] 法人の本店の他国への移転[62]であった。これらと同様に複合的で込み入った抵触法的諸問題を生じさせているのは、国際的企業買収の事案である。[63] 新しい情報テクノロジーもまた、会社に関する目新しい抵触法的諸問題を提起している。[64]

3　ヨーロッパ法の影響

しかしながら、イギリスの私法上の有限会社の事案が発生するまでは、ドイツの裁判所および注釈者も、本拠地法説がヨーロッパ共同体条約第四三条および第四八条と合致しているか否かという点を問題として認識し始めることもなかった。[65] ヨーロッパ共同体裁判所のデイリー・メイル決定に鑑みて、何人かの注釈者は、ヨーロッパ共同体条約第四三条および第四八条では、本拠地法説の棚上げが求められている旨を主張した。[66] 何人かの著者には、「ヨーロッパからの本拠地法説の放逐」がデイリー・メイル決定以降は避けがたいことのように思われた。[67] 今ではもう、デイリー・メイル決定は裁判所に対し本拠地法説を廃棄するように求めるものではないという見解が、一九八〇年代および一九九〇年代に公表された法学文献でもドイツ裁判所の意見でも、明らかに優勢となっている。[68]

一九九九年に入り、本拠地法説がヨーロッパ共同体条約第四三条および第四八条と矛盾しないかどうかという争点が、セントロス事件におけるヨーロッパ裁判所の判決との関連で、ふたたび生じた。[69] 何人かの注釈者の結論では、セントロス判決によって本拠地法説が廃棄されたことになっている。[70] しかし、より精密な観察に基づいて他の多くの著者が到達していた結論では、セントロス判決が関わっているのは会社の第二次移転の自由のみであって、第一次移転の自由ではないし、同裁判所は本拠地法説の通用性という争点をまったく取り上げていなかった。[71] イィーバーゼーリング社事件においてヨーロッパ共同体裁判所規則第二〇条第二項に従って提出された文書による意見でも、ヨーロッパ共同体委員会はこうした見解に賛成している。[72] このようにみてくると、これまでのところ、ドイツのどの裁判所も、セントロス判決に鑑みると、本拠地法説はもはや会社の法的能力および内部事項の準拠法の決定には適用されないのだという内容の判示を行ってはいないといえよう。[73]

むしろ、これとは逆に、ヨーロッパ共同体の意見によると、ヨーロッパ共同体条約第四三条および第四八条の規定上、正当に解釈すれば、会社の法的能力の決定とその内部事項の規律は会社の設立国の法に従って行われるのであって、会社がその現実の本拠や実効的本拠を有する国の法によるのではない[76]。しかし、同委員会によれば、ヨーロッパ共同体条約第四三条および第四八条は、正当に解釈すると、他の加盟国で正当に組織されている会社が現実の本拠を有する加盟国に対し、「詐欺行為」を防止したり制裁規定を設けたりする適切な方法を採ることを妨げてはいない[77]。このような方法は、同委員会が観察したように、もし民間や公的な債権者に対する債務を免れるために会社の経営・監督に関する中枢機関が他の加盟国に移転されていたときは、会社とその株主との双方に対して採られる可能性があろう[78]。

4　ヨーロッパ裁判所への言及

セントロス判決およびその法的な含意についての討議を考慮したドイツのハイデルベルク区裁判所からヨーロッパ共同体条約第二三四条に基づいてヨーロッパ裁判所に対し、ヨーロッパ共同体条約第四三条および第四八条が、加盟国に対して、自国法のもとで組織された会社に、その現実の本拠を解散せずに他の加盟国に移転することを許すよう求めているかどうかという問題が提示された[79]。他の個所で指摘されたように[80]、ヨーロッパ裁判所は、過日のこの事案では、右の点について判断していない。それは、問題となった事案では、実際のところ、ハイデルベルク区裁判所が裁判所としての立場とは対立する行政機関の立場で活動していたからである[81]。しかしながら、ヨーロッパ裁判所はすぐに、イィーバーゼーリング社事件[82]で、ヨーロッパ共同体条約第四三条および第四八条がドイツの本拠地法説に及ぼす影響について規律する機会を持とうとした。この事案は、ドイツ連邦通常裁判所第七部により一九九九年三月に先行判決を求めてヨーロッパ裁判所に提示されたものであった[83]。

この事案に関わっていたのは、オランダの閉鎖会社である。同社はオランダ法のもとでは解散せず、その後ドイツ法のもとで再設立し、その主要な業務地をオランダからドイツへ移転させた。本拠地法説のドイツ版に依拠する、デュッセルドルフ上級地方裁判所により確認されたデュッセルドルフ地方裁判所のこの判決では、主要な業務地がオランダからドイツへ移転されていたため、原告は法人格を失い、その結果、オランダ会社としてのその能力では、ドイツ裁判所に訴えることができないと判断された[84]。「現実の」本拠を有する国以外の国の法に従って設立された会社を承認しないということは本拠地法説の避けがたい結果である[85]。これに対して、本件やその他の事案において本拠地法説がどのような法的意味を有するかという問題はまだ未解決である。しかし、一般に受け入れられているところでは、本拠地法説のもとで自社の法的能力が承認されていない会社の株主は、自社の債務についての有限責任という特権に訴えることはできないようにみえる。むしろ、本拠地法説のもとでは、そのような団体の株主は自社の債務につき人的責任を負わされる可能性がある。これに類似しているのが、一般的パートナーシップ（合名会社）や民法上の会社に適用される諸原理である[86]。

（41）判例法の詳細な分析について参照されるものとして、*Ebke*（前注（22））, pp. 806-815がある。

（42）熟慮された分析について参照されるものとして、*Großfeld*, Zur Geschichte der Anerkennungsproblematik bei Aktiengesellschaften, 38 RabelsZ 344 (1974) がある。

（43）*Großfeld*（前注（3））, p. 5.

（44）*Foelix/Demangeat*, Traité du droit international privé, vol. II (3e ed. 1856) p. 31; *Rolin*, Principes du droit international privé, vol. III (1897) p. 286; *Leven*, De la nationalité des sociétés et du régime de sociétés étrangères en France (1926) p. 84.

（45）参照されるのは、たとえば、シャンベリー控訴院一八六六年一二月一日、Receuil de Sirey 1867 II p. 182；パリ控訴院一八八九年一月二三日、1889 Rev. soc. 193；セーヌ控訴院（Trib. corr. Seine）一八八八年一一月二〇日、1888 Clunet 818. である。

(46) 参照されるのは、*Großfeld,* Internationales und Europäisches Unternehmensrecht. Das Organisationsrecht transnationaler Unternehmen (2. Aufl. 1995) pp. 38-39. 国境を越える現実の本拠移転を求める権利に関するベルギーでの最近の展開について参照されるのは、*Wymeersch,* Centros: A Landmark Decision in European Company Law, in: *Baums, Hopt & Horn* (eds.), Corporations, Capital Markets and Business in the Law. Liber Amicorum Richard M. Buxbaum (2000) pp. 629, 648-650.

(47) 参照されるのは、ライヒ裁判所、1904 **JW** 231；さらにまた、**RGZ** 77, 19, 22；**RGZ** 83, 367, 369-370；**RGZ** 92, 73, 76；**RGZ** 117, 215, 217；**RGZ** 159, 33, 46. である。

(48) 参照されるのは、たとえば、*Großfeld*（前注（3））, pp. 20-21；*Kindler*（前注（14））, p. 102.

(49) **BGHZ** 25, 134, 144.

(50) **BGHZ** 97, 269, 272.

(51) 詳細について参照されるのは、たとえば、*Zimmer,* Von Debraco bis DaimlerChrysler: Alte und neue Schwierigkeiten bei der internationalgesellschaftsrechtlichen Sitzbestimmung, in: *Baums, Hopt & Horn* (eds.), Corporations, Capital Markets and Business in the Law, Liber Amicorum Richard M. Buxbaum (2000) pp. 654, 658-667；*Kieser,* Die Typenvermischung über die Grenze (1988) pp. 22-105；*von der Seipen,* Zur Bestimmung des effektiven Verwaltungssitzes im internationalen Gesellschaftsrecht, 6 **IPRax** 91 (1986) である。

(52) 詳細について参照されるのは、たとえば、*Werner,* Der Nachweis des Verwaltungssitzes ausländischer juristischer Personen (1998)；*Travers,* Der Beweis des Anknüpfungskriteriums "tatsächlicher Sitz der Hauptverwaltung" im Internationalen Gesellschaftsrecht (1998). である。このように、これは、ドイツ・フランクフルト上級地方裁判所により最近表明された見解（45 **RIW** 783 (1999), そこでは「現実の本拠を持たない会社」は存在し得ないとされている）とは正反対である。このことは、結局、問題とされている会社の現実の本拠の所在地を証明する責任を負うのはどちらの当事者かという問題になる。参照されるのは、*Ebke*（前注（2））, 48 **Am. J. Comp. L.** 623, 651 (2000). 本件のドイツ最高裁判所（連邦通常裁判所）への上告はまだ未決定である。

(53) **BGHZ** 25, 134, 144. 会社準拠法（*lex societatis*）の適用範囲について参照されるのは、たとえば、*Großfeld*（前注（3））,

pp. 19-25 ; *Kindler,* 前注(14)) pp. 142-180 ; *Kegel & Schurig* (前注(29)), pp. 505-510 ; *Kropholler* (前注(24)), pp. 542-543.

(54) *Großfeld* (前注(3)), p. 46. 参照されるものとしてはまた、*Roth,* Recognition of Foreign Companies in *Siège Réel* Countries : A German Perspective, in : *Wouters & Schneider* (eds.), Current Issues in Cross-Border Establishment of Companies in the European Union (1995) p. 29.

(55) BGHZ 25, 134, 144 ; BGHZ 40, 197, 199 ; BGHZ 51, 27, 28 ; BGHZ 53, 181, 183 ; BGHZ 78, 318, 334 ; BGHZ 97, 269, 272 ; BGHZ 118, 151, 167 ; BGHZ 134, 116, 118.

(56) 参照されるのは、*Ebke* (前注(22)), p. 806 n. 53 に引用された長い判例リストである。

(57) 詳細について参照されるのは、たとえば、*Walden,* Das Kollisionsrecht der Personengesellschaften im deutschen, europäischen und US-amerikanischen Recht (2001) ; *Terlau,* Das Internationale Privatrecht der Gesellschaft bürgerlichen Rechts (1999) ; *Bippus,* Personengesellschaften und Strukturänderungen (1998) pp. 694-697. 参照されるものとしてはまた、*Göthel,* Joint Ventures im Internationalen Privatrecht (1999) がある。

(58) BGHZ 20, 4, 12.

(59) BGHZ 25, 134, 144 ; BGHZ 33, 195, 197.

(60) BGHZ 53, 181. 詳細について参照されるのは、たとえば、*Ebke* (前注(22)), p. 810 ; *Ebke & Neumann,* Anmerkung, 35 JZ 652 (1980) ; *Kötz,* Zur Anerkennung der Rechtsfähigkeit nach liechtensteinischem Recht gegründeter juristischer Personen, 56 GmbHR 69 (1965) ; *Prast,* Anerkennung liechtensteinischer Gesellschaften im Ausland (1997) である。

(61) *Ebke,* The Limited Partnership and Transnational Combinations of Business Forms : 'Delaware Syndrome' versus European Community Law, 22 Int'l Law. 191 (1988) ; *Grothe, Die 'ausländische Kapitalgesellschaft & Co.'* (1989).

(62) 参照されるのは、たとえば、ハム上級地方裁判所、47 RIW 461 (2001) ; デュッセルドルフ上級地方裁判所、47 RIW 463 (2001) である。

(63) *Großfeld* (前注(3)), pp. 164-169 ; *Kindler* (前注(14)) pp. 212-224 ; *Horn,* Rechtsfragen internationaler Unternehmenszusammenschlüsse, in : *Baums, Hopt & Horn* (eds.), Corporations, Capital Markets and Business in the Law, Liber Amicorum Richard M. Buxbaum (2000) p. 315.

(64) *Ebke* (前注(22)), p. 800 ; *Zimmer* (前注(51)), pp. 663-667. さらにまた一般的なものとして、*Hirte,* Der Einfluß neuer Informationstechniken auf das Gesellschaftsrecht und die corporate-governance-Debatte, in : *Baums, Hopt &*

Horn (eds.), Corporations, Capital Markets and Business in the Law, Liber Amicorum Richard M. Buxbaum (2000) p. 283.

(65) *Ebke*, Die 'ausländische Kapitalgesellschaft & Co. KG' und das europäische Gemeinschaftsrecht, 16 ZGR 245 (1987).

(66) Case C-81/87-*The Queen v. HM Treasury and Commissioners of Inland Revenue, ex parte Daily Mail and General Trust plc*, [1988] ECR 5483.

(67) 参照されるのは、たとえば、前注(33)に引用された著者らの文献である。

(68) *Knobbe-Keuk*, Umzug von Gesellschaften in Europa 154 ZHR 325, 356 (1990). 参照されるものとしてはまた、*Siehr*（前注(18)), p. 308（その主張によれば、設立準拠法説こそがヨーロッパ連合にとって推奨されるべきであるとされている）。

(69) *Großfeld*（前注(3)), pp. 27-30; *Kindler*（前注(14)), pp. 122-125（これにはその余の参照リストが付されている）。今日一般に承認されているところによれば、ヨーロッパ連合以外で形成された会社はヨーロッパ共同体条約第四三条および第四八条に頼ることはできない。参照されるのは、たとえば、ツヴァイブリュッケン上級地方裁判所、47 RIW 373 (2001)（本件で関連するのはコスタリカで形成されたが、その事業上の本拠（principal place of business）をドイツに有する会社である）。

(70) Case C-212/97-*Centros Ltd. v. Erhverus-og Selskabsstyrelsen*, [1999] ECR I-1459; [1999] 2 C. M. L. R. 551.

(71) さまざまな著者が述べた見解の間で行われたより詳細な討議について参照されるのは、*Ebke*（前注(2)), 48 Am. J. Comp. L. 623, 623-625 (2000) である。

(72) 詳細について参照されるのは、*Ebke*（前注(2)), 48 Am. J. Comp. L. 623, 627-641 (2000) である。

(73) Case C-208/00-*Überseering B.V. v. NCC Nordic Construction Company Baumanagement GmbH.*

(74) 参照されるのはヨーロッパ共同体裁判所規則第二〇条第二項に従ってヨーロッパ共同体委員会により述べられた二〇〇〇年八月三〇日付の文書による所見、JURM(2000) 72 CS. hg, at para. 44 である。いわく、「さらに留意しなければならないのが、同裁判所はセントロス事件で本拠地法説が通用するか否か、その適用範囲がどこまでかといった諸問題を取り上げてはいないという点である。というのは、第一に、デンマーク行政官庁はイギリス会社の原則的承認をまったく疑問視していなかったからであり、第二に、問題だったのは支店の開設であって主たる管理機関の移転ではなかったからであり、第三に、討議されていたのは移住先国の法のみであって、出所地国の法ではなかったからである。これに関連して再度強調されるのは、セントロス裁判とディリーメイル裁判とが対象とする起点的状況がまったく異なっており、したがって、提起される法的問題も異なるという点である。それゆえ、これらの裁判はなんら矛盾しておらず、同裁判所がセントロス判決で黙示的に法的な方向転換を行ったという点はまったく話題になっていない」。こうした見解を以前に述べていたのは、*Ebke*（前注（39））, 54 JZ 656, 658 & 660 (1999)；*Ebke*（前注（2））, 48 Am. J. Comp. L. 623, 641 (2000) である。

（75） 参照されるのはたとえば、デュッセルドルフ上級地方裁判所、47 RIW 463, 463-464 (2001)；デュッセルドルフ上級地方裁判所、55 JZ 203 (2000)；ハム上級地方裁判所、47 RIW 461, 462-463 (2001)；ブランデンブルク上級地方裁判所、46 RIW 798 (2000)、これにより確認されているのがポツダム地方裁判所、46 RIW 145, 146 (2000)；ミュンヒェン第一地方裁判所、46 RIW 61, 61-62 (2000) である。オーストリア最高裁判所が判示しているところによると、これとは反対に、セントロス裁判に鑑みると、ヨーロッパ連合加盟国法のもとに適法に組織され存在している会社の法人格は会社設立国法に基づいて決定されるべきであるとされている。そこでは、会社の登録上の法人住所、本店または主たる営業所がヨーロッパ連合加盟国のいずれかに所在することが予定されている。参照されるのはオーストリア最高裁判所 55 JZ 199 (2000)；オーストリア最高裁判所 11 EuZW 156 (2000) である。これら二件の批判的分析について参照されるのはたとえば、*Ebke*（前注（2））, 48 Am. J. Comp. L. 623, 656-657 (2000)；*Kalss,* Die Auswirkungen von Centros auf die mittel- und osteuropäischen Staaten, in：*Kalss* (ed.), "Centros" und die Beitrittswerber (2000) pp. 8, 12-14；*Höfling,* Die Sitztheorie, Centros und der österreichische OGH, 11 EuZW 145 (2000)；*Kieninger,* Anmerkung, 3 NZG 39 (2000)；*Mäsch,* Anmerkung, 55 JZ 201 (2000).

（76） 参照されるのは、文書による所見（前注（74））, p. 24 (sub V).

（77） 参照されるのは、文書による所見（前注（74））, p. 25 (sub V). 共同体法の潜脱、詐欺またはその他の濫用に関するヨーロッパ裁判所の裁判例に関して参照されるのは、*Kjellgren,* On the Border of Abuse：The Jurisprudence of the European Court of Justice on Circumvention, Fraud and Other Misuses of Community Law, 2000 Eur. Bus. L. Rev. 179 である。

（78） 参照されるのは、文書による所見（前注（74））, p. 25 (sub V).

（79） ハイデルベルク区裁判所、46 RIW 557 (2000).

（80） *Ebke*（前注（2））, 48 Am. J. Comp. L. 623, 656 (2000).

（81） Case C-86/00-*HSB-Wohnbau GmbH,* [2001] ECR I-（未刊のため頁数不明）(citing Case 318/85-*Greis Unterweger,* [1986] ECR 955；Case C-111/94-*Job Centre I,* [1995] ECR I-3361；Case C-134/97-*Victoria Film,* [1998] ECR I-7023；Case C-178/99- *Salzmann,* [2001] ECR I-（未刊のため頁数不明））.

（82） Case C-208/00-*Überseering B.V. v. NCC Nordic Construction Company Baumanagement GmbH.*

（83） 連邦通常裁判所、46 RIW 555 (2000). この事件の詳細について参照されるのはたとえば、*Ebke*（前注（2））, 48 Am. J.

Comp. L. 623, 651-655 (2000). 後注(142)をも参照。

(84) デュッセルドルフ上級地方裁判所、55 **JZ** 203 (2000). この判決の詳細について参照されるのは、*Ebke*, Anmerkung, 55 **JZ** 203 (2000)である。何人かの注釈者が示唆していたように、ヨーロッパ共同体条約第二三四条のもとで先行判決を得るために当該問題をヨーロッパ裁判所に提示することは「不要」であった。というのは、本件オランダ会社は手続上は（ドイツ?の）一般的パートナーシップ（offene Handelsgesellschaft）として取り扱われていたからである。本件原告会社は、それに応じて、その法人名を変更すべきであった（判決文の見出しの変更）。このように主張した最初の著者はフォルストホフであった。*Forsthoff*, Rechts- und Parteifähigkeit ausländischer Gesellschaften mit Verwaltungssitz in Deutschland ?-Die Sitztheorie vor dem EuGH, 53 **DB** 1109 (2000). しかしながら、その理由付けの方向には問題がある。参照されるのは、*Ebke*, 前注(2), 48 Am. J. Comp. L. 623, 653-654 (2000); *Walden*, Niederlassungsfreiheit, Sitztheorie und der Vorlagebeschluss des VII. Zivilsenats des BGH vom 30. 3. 2000, 11 **EWS** 256 (2001).

(85) 参照されるのは後注(137)ないし(145)が付された本文である。

(86) 詳細について参照されるのは、*Großfeld*（前注(3)), pp. 108-109; しかし、*Walden*（前注(84)), 11 **EWS** 256, 259-260 (2001)をも参照。

第四章　政策的配慮

以上の結果を考えれば、本拠地法説の基礎にある政策的配慮についてより精密にみることが有用となろう。

第一節　平等な取扱いか選択の自由か

前述のように、ドイツの本拠地法説で承認されているのは、他の諸国にみられる本拠地法説の変形の場合と同様に、ただひとつの国のみが会社の内部事項を規律する権限を持つべきであり、そうした法を供給すべき最も適切な国は会社がその現実の本拠を有する国だという点である。[87] 本拠地法説の根底にある考えによれば、会社が現実の本拠を有する国は、典型的には、当該団体の活動によって最も強く影響を受ける国であり、それゆえ、当該会社の内部事項を規律する権限を有すべき国である。[88] 本拠地法説は統一的取扱いの重要性を力説するが、そこで要求されているのは、会社はすべて、当該国法のもとで設立されている特定の国に主たる事業地や現実の本拠を持つということである。これによって、本拠地法説は、会社が、それほど厳格ではない法を有する国での設立を通じて当該国の法的監督を免れようとする事態を阻止している。その結果、関係する会社はすべて、会社法に関して、それも株主、投資者および他の者の保護を目的とする諸法を含めて、まったく同一のルールおよび諸原理に服することになる。

周知のように、こうしたアプローチと根本的に異なるのが、設立準拠法説により用いられているアプローチである。設立準拠法説が強調しているのは、普通、発起人が会社のプロパー・ローを選択する自由を有するという点である。その結果、会社準拠法、イギリス法の用語でいえば、「lex domicilii」は、発起人自身の決断の結果なのである。たとえば、イギリス法では、外国で正当に設立された会社はイギリスでも会社として承認され、それゆえ、外国会社はイギリスの裁判所で自己の法的能力において訴えることも訴えられることもできる。[89] 逆に、イギリスで正当に組織された会社は、たとえその事業活動の多くが、いやほとんどすべてが海外で行われていたとしても、イギリスで会社と設立準拠法説と比べると幾分か制限され、そこで承認される発起人が自由に選択できる範囲も、発起人がその企業の事業地を持とうとしている場所の選択に限られる。

明らかに、本拠地法説の狙いは、特定の会社と最も密接な関係を有する国が実体的に有する法的・経済的・社会的な価値を実現することにある。たとえば、ドイツには少数株主、労働者および関連会社の保護に関する詳細な法律がたくさんあるが、そのような法律はヨーロッパ連合の他の加盟国では行われていない(90)。設立準拠法説は現実の本拠をドイツに有する会社に対しても他の国での設立を許しているが、このようなことを認める設立準拠法説は右にみた法のはたらきを根底から崩すことになる。たとえドイツが問題となっている会社と最も密接な関連性を持つ国であるとしても、そのことには変わりがない(91)。このように、関連する外国法が問題となっているドイツ法と機能的に同等であるとか、問題となっている局面を規律するヨーロッパ法があるとかということがないとすれば、発起人がその事業を会社が最も密接な関連性を持つべき国とは異なる国で法人化し、そのことをもって、この国のより厳格な法を回避する可能性は常に存在する。

周知のように、ある種の利益、たとえば、少数株主、労働者や投資者の利益を、特に広く公開された会社の関係で保護する法的な、またそれ以上に憲法上の必要性を認める諸国は、本拠地法説に賛成することであろう(92)。逆に、会社法の諸問題についても当事者自治を認めようという考えを支持する諸国は、少なくとも原則的には、内部事項原則またはこれに類似した寛大な準拠法選択論に賛成することであろう(93)。こうした観点から眺めると、会社に関する準拠法選択ルールにも、(大規模)会社の社会経済的役割についての法文化に関する一般的な態度(94)が、そして株主、投資者および関連会社の利益を保護するための会社法上の実体法的・手続法的ルールのはたらき(95)がある程度反映されていることになる。

第二節　擬似外国会社

大いに興味を引くところであるが、自国の内部事項ルールを、事業と人員が圧倒的にひとつの国に集中している会社に対して適用することを望む国は、しかしながら、本拠地法説を採用してきた諸国だけに限られるわけではない。むしろ、寛大な設立準拠法説を適用する諸国さえも、時として、自国の内部事項ルールのいくつかまたは全部を、事業のほとんどまたはそのすべてを自国領域内で続けている外国会社（擬似外国会社）に対しても適用する必要を感じている。たとえば、ニューヨーク州およびカリフォルニア州は、「擬似外国」会社と呼ばれてきたものに対しても自州の権限を行使する方を選んできた[96]。擬似外国会社という言葉が意味するのは、活動の多くを自州内で続け、またその株主の大多数を州内に有しているにも拘わらず、他の州で設立されている会社である。カリフォルニア州とニューヨーク州は、自州と重要な関係を有する当該の会社の一定の内部事項について自州法の適用を明示的に求めている[97]。しかし、アメリカ合衆国では、外国会社の内部事項に対して自州法を適用することについて、憲法上の制限がある。今のところ、その制限の範囲をどうすべきかという問題は未解決のままである[98]。オランダの、一九九七年一二月一七日の擬似外国会社に関する制定法は、会社が、その設立国よりもずっと自社にとって重要な関係を有する国が定めた、より厳格な法（たとえば、最低資本金の要件）を迂回しようと試みている場合に、この会社に対抗するための立法上の努力がなされた、ヨーロッパでの現代的な一例である[99]。

これに似た結果を達成し得る方法には、抵触法の一般原則、たとえばアメリカ合衆国のいくつかの州が採用する、コモン・ロー上の州外に及ぶルールや法学者が発展させてきた抵触法学説、たとえばザントロック教授の重層化説[100]や、ベーレンス教授の「制限的設立準拠法説」[101]がある。ヨーロッパ連合では、ヨーロッパ共同体条約第四三条および第四八条が、加盟国が擬似外国会社に対して自国会社法のいくつかの規定またはそのすべてを適用しようとする権限に、若干の制限を課しているようにもみえる。しかし、そうした制限の範囲が正確に決定されているとは、今のところ、到底言い得ない状況にある。[103]

イギリスの法律も、自国の利益を保護するため、明らかに国外に及ぶ効果を有する。イギリス法上今日一般に承認されているところによると、発起人は自分が選択した国で事業を法人化する自由を持つ[104]が、外国会社で事業地をイギリスに置いているものは（「海外会社とみなされるので」）、一九八五年会社法第二三章が定める一定の義務に服する。同法第二三章で規定されているのは、「海外会社」に対する管轄権および監督の行使の実効的方法である。[105]さらに、会社法第四五三条によって、イギリスで事業を続けている外国会社は同法第一六章所定の会社およびその業務の調査に関する拘束力の強い諸規定に服するが、これには一定の例外がある。このほか、一九八六年の会社取締役資格剥奪法によると、裁判所は、一五年を超えて存続している外国会社の取締役の資格を、その会社が支払不能に陥っていたり取締役の行為が会社の経営との関連で「不当」であったりするときは、剥奪することができる。[106]これに加えて、外国会社は、一九八六年の倒産法第二二〇条および第二二一条により解散させられる可能性がある。解散の引金を引くのは、特に同法上の不正取引や不法取引に関する、一定の状況のもとで取締役の人的責任をもたらす可能性がある諸規定である。[107]

海外で設立された企業団体をイギリスの債権者保護および監督に関する諸法の適用範囲内に含めることにより、イギリスは、それぞれの法律を外国会社（「海外会社」）およびその取締役で各地域の法的監督を回避する一歩を踏み出していた者に対しても累積的に適用している。[108] カリフォルニア州、ニューヨーク州およびオランダの擬似外国会社法も、域外に及ぶルールでこれに類似した結果を達成するルールと同様、擬似外国会社に対抗する重要な法廷地の政策を実効あるものとすることを狙っており、それゆえ、寛大な設立準拠法説、すなわち全面的に内部事項原則や設立準拠法説をそれぞれ信奉してきた純粋の設立準拠法説とはまったく離れてしまっている。[109] 内部事項原則および設立準拠法説に対する批判は、前述の諸国における抵触法の発展が例証するように、発起人および会社に対して会社法選択に関する無制限の自由を認めるという考えが実務では失敗してきたというものである。[110] 逆に、本拠地法説が一般に意図しているのは、普通いわれているところでは、主要な事業地を国内に有するすべての会社に対して平等な環境を作り出すことであり、そのために、本拠地法説は、会社がその活動により最も強く影響を受ける国の法律に従って組織されることを要求しているのである。[111]

第三節　その他の諸考慮

企業法務に従事する多くの者にとって、本拠地法説は、今のところ、まったく別の理由から抵抗できないものである。前述のように、本拠地法説によれば、ひとつの会社法体系のみが当該会社の内部事項を規律する。これに対して、擬似外国会社に関する法律やこれと類似の結果を達成する判例法は、会社を二つ以上の国家法に服させることができる。本拠地法説はある訴訟手続では特定の問題点に対して他の国の法を適用するよう求められる[112]が、本拠地国法以外の法はまれに例外的にしか適用されない。[113] これと同様に、本拠地法説に従っている諸国は、ほとんど抵触法上のからくりを、たとえば公序や法の詐欺、潜脱および濫用（法律回避）といった、外国会社の存在や法的能力を否定するからくりを用いていない[114]。設立準拠法説は、しばしばいわれるように、準拠法選択の重要な要素たる、結果の安定性、予見可能性および統一性、当事者の正当な期待の保護、そして適用されるべき法の適用における容易性、これらには賛成しているが[115]、それでも、本拠地法説の支持者が論じているように、擬似外国会社が急激に成長した結果、設立準拠法説に従っている諸国でも、擬似外国会社に関する法律が採用されたり、自国の内部事項に関する諸法を適用するコモン・ロー規則が採用されたりしている。その結果、今では、望ましくない現象であるが、異なる法体系に属する法の「混合物」が生まれてしまっている[116]。

以上の点を考えれば、本拠地法説の支持者も指摘してきたように、本拠地法説こそが望ましい。それは、本拠地法説が自国内に事業地を設けていた外国会社を「追跡する（run after）」ことを国に要求せず、当初から、市場地ですべての参加者に適用されるルールによって発起人が行動するよう要求しているからである[117]。さらに、本拠地法説は寛大な設立準拠法説よりもずっと現実的であるといわれている。それは、本拠地法説が承認しているように、異なる諸国の会社法は「交換不能なもの」だからである[118]。会社法は交換可能だという考えは「危険な幻想」[119]といわれている。なるほど、現代の会社法に関する法律中に含まれる諸規定が担う機能は異なっている。法の抵触という状況は、個々の法律がまったく異なった成分から成り、特定の問題を他の諸国の法律とは異なって取り扱うことができるという事実に由来する。それゆえ、多くの法律が存在している以上、それらの間で抵触が生じる可能性をまったく避けることはできず、そうした抵触の可能性はヨーロッパ連合の中でも連邦外でも存在する。ベルンハルト・グロスフェルト教授が最近われわれに思い出させた故マルティン・ヴォルフ教授の観察が示すように、「自分自身の国でビジネスを行う発起人がなぜに自分の会社を異なる法に服させることを好むのかの理由は、必ずしもいつも格別に立派なものだというわけではない」[120]。

第四節　法的調和がもたらす効用

周知のように、抵触法ルールの役割は、国境を越えて運営されている会社に対して国家の国内的政策を実施するための手段という点にある。多数の管轄権を有する法体系、たとえばアメリカ合衆国やヨーロッパ連合の内部では、抵触法の役割は減少している。それは、立法府（またはその他）[121]が、会社の設立認可状をめぐる競争市場の創設に関して、それが捻じ曲げられないようにして内部事項の法を調和することに実効的に成功しているからであり、右の指摘があてはまるのもそのようなときに限られる。[122]アメリカ合衆国での発展が例証するように、内部事項理論や設立準拠法説といった抵触法のルールが適切に機能するのは、たとえ必ずしも統一されていないとしても、さまざまな法体系の会社法が機能的に等価であるときに限られている。さらに、たとえ諸国が本質的には地域的性格しか持っていない外国会社に対して一定の内部事項ルールを適用する気にさせられるような場合でさえも、諸国にはまだ自国の国民やその他の者のために行動する余地がある。

こうした観察によっても、「トップを目指す競争」という考えの理論的適切性と概念的魅力は否定されるべきではない。こうした考えを呼び起こすのは、会社設立認可状についての立法による競争である。[123]アメリカ合衆国で生まれたこの考えを、しかしながら、今こうした観点だけで、ヨーロッパ連合でも同等に適用することはできない。[124]それは、アメリカ合衆国では、自国の利益（たとえば、株主）を保護する必要性は、少なくともある範囲では、包括的で高度に精巧に作られた連邦証券取引諸法の存在により減少しているからである。というのは、これら諸法の狙いは投資者の信頼を確保し、国内証券取引市場を機能させることだからである。[125]そのような立法がなかったとしたら、会社設立認可状についての立法による競争に対するアメリカ合衆国の立法府および裁判所の態度は、おそらくは、これまでとはまったく異なった方向に発展していたことであろう。[126]

これとは逆に、ヨーロッパ連合には、会社の内部事項の規律および証券取引規制に関する制定法上のアプローチにかなり大きな違いがある。ヨーロッパ連合の会社諸法は、細目においてのみならず、基本的な規律哲学、すなわち、制定法それ自体の適切な規律力、会社内部での特権・リスクの配分、コーポレート・ガヴァナンスにおける投資者の役割、これら三点についての基本的な考えでも大きく異なっている。[127] 制定法上のアプローチと並行しているのが、かなりの変遷を経験している判例法である。会社の構造・組織に関する加盟国法を調和する努力やヨーロッパ会社規則を採用する努力は実を結ばなかった。さらに、これと比較できるほどの包括的なヨーロッパ証券取引法の体系もまだ存在していない。そうした体系を設けることができるならば、大規模会社や上場会社の株主とその他の証券所有者の保護を志向する加盟国諸法の異なったアプローチに対する実効的な釣り合いをとることができよう。それゆえ、「共同体法の現状で」[128]考えられるのは、少なくとも、ヨーロッパ連合加盟国の大多数が自発的に本拠地法説を廃止しようとせず、自発的に設立準拠法説を強制的なものとはしないということであろう。この点は、特に、加盟国が擬似外国会社に対し、制定法またはこれと同様の結果を達成するため裁判上創設された域外に及ぶルールを用いることができるか否か、どの範囲で用いることができるかを決める要素の点で不明確であるという事実に照らしても、明らかである。共同体会社法の現状を考慮すると、会社に関する準拠法選択ルールを、会社の内部事項に関する加盟諸国の法を調和したり、ヨーロッパ会社規則を採用したり、ヨーロッパ証券取引法の包括的な体系を創設したりするといった加盟諸国の努力を一層高めるよう加盟諸国にプレッシャーをかける手段とすべきではない。そのような努力は、加盟諸国によってなされるべきである。というのは、その範囲についていえば、そうした努力は国内市場に固有の機能にとって必要なものだからである。[129]

第五節　健全性と満足感

本拠地法説の支持者が認めるように、会社が現実の本拠を有する国がどこかの確認はいつも簡単にできるとは限らないし、現実の本拠がつねに一定しているわけでもない。それは、会社とその構成員はいくつもの法域と接触できるからである。[130] 本拠地法説は、その支持者が主張するように、実務上機能することも証明されていた。[131] 故マルティン・ヴォルフ教授の言葉では、この「学説は健全で十分に満足の行くものである。どの基準が選ばれているかを、会社と取引上接触する者は誰でも、容易にチェックすることができる。それは、主たる管理中枢機関の所在を秘匿することはほとんどできないからである」[132]。他の者が指摘した事実によると、租税法が用いる基準もこれと同様であり、たとえば「中心的経営・管理機関」[133]、事業指揮機関[134]、業務上の上部機関[135]などの基準が用いられている。これらは法人の納税責任を決定するものである。[136] 租税法でさえこの基準に依拠しているという事実が示すように、現実の本拠という基準こそが実際的なものであり、これによってのみ所期の目的を達成することができよう。

(87)　会社の内部事項を規律する可能性を持った他の法源はヨーロッパ法である。ヨーロッパ連合は提案されているヨーロッパ会社規則や第五次会社法指令を採択すべきであろう。後者の展開について参照されるのは、*Ebke*, Die Haftung des gesetzlichen Abschlussprüfers in der Europäischen Union, 100 ZvglRWiss 62, 78 & 88-89 (2001). ヨーロッパ連合における会社法の調和に関する問題点につき参照されるのはたとえば、*Ebke*, Company Law and the European Union : Centralized versus Decentralized Lawmaking, 31 Int'l Law. 961 (1997).

(88) 参照されるのはたとえば、バイエルン自由州最高裁判所の見解、BayObLG, 46 WM 1371 (1992) である。いわく、「(本拠地法説が) 保障しているのは、通例、最も多く関連している国の法が適用されるという点である。本拠地法説は実質に近いものを優先し、国家の実効的規制を可能とし、債権者利益の保護を最大にする機会を提供する」と。

(89) *Dicey & Morris*, Conflict of Laws (12th ed. 1993) p. 1107.

(90) 参照されるのは、文書による所見（前注(74)), p. 22 (para. 56) である。

(91) しかし、参照されるのは、*Ulmer*, Schutzinstrumente gegen die Gefahren aus der Geschäftstätigkeit inländischer Zweigniederlassungen von Kapitalgesellschaften mit fiktivem Auslandssitz, 54 JZ 662 (1999) である。

(92) 対比されるのは、*Großfeld*（前注(3)), p. 6; *Kindler*（前注(4)), p. 102; *Kropholler*（前注(24)), pp. 539-540; *Siehr*（前注(18)), p. 308; *von Hoffmann*, Internationales Privatrecht (6. Aufl. 2000) pp. 258-259 である。

(93) 対比されるのは、*Großfeld*（前注(3)), p. 6; *Siehr*（前注(18)), p. 308 である。

(94) 詳細について参照されるのは、*Großfeld & Ebke*, Controlling the Modern Corporation: A Comparative View of Corporate Power in the United States and Europe, 26 Am. J. Comp. L. 397 (1978) である。

(95) *Großfeld*（前注(3)), p. 6.

(96) 参照されるのは、*Latty*, Pseudo-foreign Corporations, 65 Yale L. J. 137 (1955) である。ラティによれば、擬似外国会社とは、「本質的にローカルな性質の」企業であるが、その事業および職員が主としてひとつの国と関連しているものをいう。国外での設立により、擬似外国会社は「放浪会社」となる。これと対比されるのは、*DeMott*（前注(10)), 48 L. & Contemp. Probs. 161, 166 (1985) である。

(97) 参照されるのは、カリフォルニア州会社法典（Cal. Corp. Code）§ 2115; ニューヨーク州事業会社法（N. Y. Bus. Corp. L.）§§ 1317-1320 である。詳細について参照されるのは、たとえば、*Solomon, Schwartz, Bauman & Weiss*, Corporations: Law and Policy (3rd ed. 1994) p. 206; *DeMott*（前注(10)), 48 L. & Contemp. Probs. 161, 164-166 (1985) である。

(98) *Ebke*（前注(25)), 62 RabelsZ 195, 215-216 (1998). 外国会社の内部事項に対する法廷地法の適用に関する憲法上の制限の分析について参照されるのは、たとえば、*Beveridge*（前注(10)), 44 Bus. Law. 693, 709-715 (1989); *Buxbaum*, Delaware Supreme Court Finds the State-of-Incorporation Version of the Internal Affairs Doctrine Embeded in the United States Constitution, 15 Cal. Bus. Rep. 173 (1994); *Buxbaum*, The Threatened Constitutionalization of the Internal Affairs Doctrine in Corporation Law, 75 Cal. L. Rev. 29 (1987) である。

(99) これらの法律の詳細について参照されるのは、たとえば、*de Kluiver,* De Wet Formeel Buitenlandse Vennootschappen op de Tocht ?, 1999 WPNR 527 ; *Timmerman,* Das niederländische Gesellschaftsrecht im Umbruch, in : *Schneider, Hommelhoff, Schmidt, Timm, Grunewald & Drygala* (Hrsg.), Festschrift für Marcus Lutter (2000) pp. 173, 183-185 ; *Ebke* (前注(2)), 48 Am. J. Comp. L. 623, 644-645 (2000) ; *van Rijn van Alkemade,* Wetvoorstellen conflictenrecht corporaties en formeel buitenlandse vennootschappen, 1996 WPNR 563 である。

(100) *Beveridge* (前注(10)), 44 Bus. Law. 693, 698-701 (1989).

(101) *Sandrock,* Ein amerikanisches Lehrstück für das Kollisionsrecht der Kapitalgesellschaften, 42 RabelsZ 227 (1978) ; *Sandrock,* Die Konkretisierung der Überlagerungstheorie in einigen zentralen Einzelfragen-ein Beitrag zum internationalen Gesellschaftsrecht, in : *Sandrock* (Hrsg.), Festschrift für Günter Beitzke (1979) p. 669 ; *Sandrock,* Die multinationalen Korporationen im Internationalen Privatrecht, 18 BerDtVölkR 169 (1978).

(102) *Behrens,* Commentary, in : *Hachenburg & Behrens,* GmbHG (8th ed. 1992) Einl. annot. 125, 128. 参照されるものとしてはまたダニエル・ツィンマー (*Daniel Zimmer*) 教授の「結合説 (Kombinationslehre)」がある : *Zimmer, Internationales Gesellschaftsrecht* (1996).

(103) 参照されるのは、たとえば、*Ebke* (前注(2)), 48 Am. J. Comp. L. 623, 644-646 (2000). 不運だったのは、Case C-410/99-*Kamer van Koophandel en Fabrieken voor Groningen v. Challenger Trading Company Ltd.,* 11 EWS 280 (2000) であるが、本件で関与していたのはオランダに事業地を有するイギリスの擬似外国会社であって、同社は登記簿から閉め出された。

(104) 参照されるのは、たとえば、*Dicey & Morris* (前注(89)), p. 1107 ; *Drury* (前注(20)), 57 Cambridge L. J. 165 (1998) である。

(105) この法は現在、検討中である。しかしながら、詳細について参照されるのは、*The Company Law Review Steering Group,* Modern Company Law-For a Competitive Economy, Final Report (July 26, 2001) である。

(106) 参照されるのは、Company Directors Disqualification Act 1986 s. 6 (1) である。会社取締役資格剝奪法 (Company Directors Disqualification Act) の領域的適用範囲について参照されるのは、たとえば、Seagull Manufacturing Co. Ltd. (In Liquidation) (No. 2), [1994] Ch. 91 である。

(107) これらの規定の実務的な含意について参照されるのは、たとえば、Re Howard Holdings Inc., [1998] B.C.C. 549 ; Stocznia Gdanska SA v. Latreefers Inc., [2000] WL 447 である。

(108) 問題となっているイギリスの諸法律がヨーロッパ共同体条約第四三条および第四八条と合致しているかどうかは論議されている。共同体法の回避、詐欺および濫用に関するヨーロッパ裁判所の判例について参照されるのは、*Kjellgren*（前注(77)）, 2000 Eur. Bus. L. Rev. 179である。

(109) 参照されるのは、*DeMott*（前注(10)）, 48 L. & Contemp. Probs. 161, 162 (1985)である。

(110) 参照されるのは、*Großfeld*（前注(3)）, p. 13（そこで論じられているところでは、アメリカ合衆国では、設立準拠法説は「難破している」；*Kegel & Schurig*（前注(29)）, pp. 502-503である。

(111) 対比されるのは、*Großfeld*（前注(3)）, p. 6である。

(112) 参照されるのは、たとえば、*Großfeld*（前注(3)）, pp. 64-65である。

(113) *Großfeld*（前注(3)）, pp. 10 & 13.

(114) *Großfeld*（前注(3)）, p. 10；*Ebke*（前注(22)）, pp. 810-811（これには判例のリストが付されている）。設立準拠法説を採る国での公序（ordre public）および法律回避論（fraus legis）の役割について参照されるのは、*Hausmann*, Vertretungsmacht und Verfügungsbefugnis, in：*Reithmann & Martiny*, Internationales Vertragsrecht (5. Aufl. 1996) p. 1243である。

(115) *DeMott*（前注(10)）, 48 L. & Contemp. Probs. 161, 162 (1985)（そこで引用されているのが Restatement [Second] of Conflict of Laws § 302 comment e である）.

(116) *Großfeld*（前注(3)）, p. 15.

(117) *Großfeld*（前注(3)）, p. 10.

(118) *Großfeld*（前注(3)）, p. 13.

(119) *Großfeld*（前注(3)）, p. 13.

(120) *Wolff*, Private International Law (2d ed. 1950) p. 300.

(121) ヨーロッパ連合における企業団体法の調和との関連でのヨーロッパ法研究所の役割について参照されるのは、*Ebke*, Unternehmensrechtsangleichung in der Europäischen Union：Brauchen wir ein European Law Institute ?, in：*Hübner & Ebke* (Hrsg.), Festschrift für Bernhard Großfeld (1999) p. 189；*Ebke*（前注(119)）, 31 Int'l Law. 961, 985 (1997). がある。参照れるものとしてはまた、*Schmid*, Desintegration und Neuordnungsperspektiven im europäischen Privatrecht：Plädoyer für ein Europäisches Rechtsinstitut und für 'Restatements' über europäisches Recht, 1999 Jb

Junger ZivilRWiss 33, 54-63がある。

(122) *Ebke*（前注(25)）, 62 RabelsZ 195, 234-237 (1998)；*Ebke*（前注(87)）, 31 Int'l Law. 961, 984-986 (1997). ヨーロッパ会社法の最近の状況について参照されるのは、*Edwards*, EC Company Law (1999)；*Habersack*, Europäisches Gesellschaftsrecht (1999)；*Lutter*, Europäisches Unternehmensrecht (4. Aufl. 1996)；*Schwarz*, Europäisches Gesellschaftsrecht (2000)である。

(123) 参照されるのは、たとえば、*Winter*, The 'Race for the Top' Revisited：A Comment on Eisenberg, 89 Colum. L. Rev. 1526 (1989)；*Fischel*, The 'Race to the Bottom' Revisited：Reflections on Recent Developments in Delaware's Corporation Law, 76 Nw. U. L. Rev. 913 (1982)である。ただし、参照されるものとしてはまた、*Cary*, Federalism and Corporate Law：Reflections Upon Delaware, 83 Yale L. J. 663 (1974)がある。より最近の分析について参照されるのは、*Romano*, The Genius of American Corporate Law (1993)；*Buxbaum*, Federalism and Company Law, 82 Mich. L. Rev. 1163 (1984)である。

(124) 参照されるのは、*Charny*, Competition Among Jurisdictions in Formulating Corporate Law Rules：An American Perspective on the 'Race to the Bottom' in the European Communities, 32 Harv. Int. L. J. 423 (1991)；*Stith*, Federalism and Company Law：A 'Race to the Bottom' in the European Community, 79 Geo. L. J. 1581 (1991)である。

(125) *Ebke*（前注(25)）, 62 RabelsZ 195, 217-220 (1998)；*Großfeld*（前注(3)）, p. 7.

(126) *Vagts*, Book Review, 18 Am. J. Com. L. 863, 864 (1970).

(127) 一般的に参照されるのは、*Dine*, Company Law Developments in the European Union and the United Kingdom：Confronting Diversity, 1998 SALJ 245；*Pettet*, The Stirring of Corporate Social Conscience：From 'Cakes and Ale' to Community Programmes, 50 Current Legal Prob. 279 (1998)；*Wedderburn of Charlton*, Companies and Employees：Common Law or Social Dimension ?, 109 L.Q.R. 220 (1993)である。

(128) Case C-81/87-*The Queen v. HM Treasury and Commissioners of Inland Revenue, ex parte Daily Mail and General Trust plc*, [1988] ECR 5483, 5512 (para. 25).

(129) *Ebke*, Die Zukunft der Rechtsetzung in multijurisdiktionalen Rechtsordnungen：Wettbewerb der Rechtsordnungen oder zentrale Regelvorgabe-am Beispiel des Gesellschafts- und Unternehmensrecht, 1999 ZSR 106 (Supp. 28).

(130) 参照されるのは、*Großfeld*（前注(3)）, pp. 11 & 59-60；*Kindler*（前注(14)）, pp. 103-105である。もっとも、ここで参

照されるのはヨーロッパ連合の書面による所見（前注(74)）, p. 23 (para. 58) である。いわく、「どのようにすれば、この本拠を決定することができるか。使用されているこの用語が「主たる管理機関の本拠」、「実効的管理機関の本拠」、「事業指揮機関所在地」等、多様であることからしてすでに、ここで隠されている本拠地法説の問題性、すなわち、本拠地法説の擁護者によっても明らかに認識されている本拠地法説の中心的な問題性が示唆されている」。

(131) ***Großfeld***（前注(3)）, p. 11. ドイツの裁判所が会社の現実の本拠を決定する上でみている諸要素について参照されるのは、前注(51)にリストとして掲げられた参照文である。

(132) ***Wolff***（前注(120)）**pp. 297-298.**

(133) イギリスについて参照されるのは、***Dicey & Morris***（前注(89)）pp. 1103 & 1105.

(134) 対比されるのは、ドイツの法人税法第一条一項である。

(135) 対比されるのは、ドイツの租税基本法第一〇条である。

(136) ***Großfeld***（前注(3)）, pp. 11 & 60 ; ***Kindler***（前注(14)）, pp. 105-106.

第五章　含　意

本拠地法説で最も論議のある局面のひとつは、むろん、現実の本拠を有する国とは別の法体系のもとで設立されている会社は、現実の本拠地国では会社として承認されないという事実である。

第一節　不　承　認

右にみたように、たとえば、外国で正当に創設された会社で現実の本拠をドイツに有するものは、ドイツでは会社としては承認されない。[137] これと同様に、本拠地法説を採る法体系のもとで会社を正当に組織できるのは、それが当該国に現実の本拠を有するときのみである。[138] 不承認は、「間違った」国で設立されている企業に対して本拠地法説が科す「制裁」だといわれている。[139] 理論的には、そうした「制裁」は強力で妥協の余地のないものである。この制裁は、一般に、当該地域の裁判所へのアクセスの障害を必然的に伴う。それは、本拠地法説のもとでは、法的能力を欠く企業は訴えることができないのに、[140] 場合によりそれが会社としてその能力において訴えられることができるからである。[141] 周知のように、このことが厄介で有害なものとなるのが、会社が訴訟を起こしたり、反訴を申し立てたりする場合である。[142] 実務ではまだ、ドイツの裁判所は、本拠地法説の「制裁」を外国会社に対して科すことをほとんど要求されていない。不承認という本拠地法説の必然的結果は「間違った」国での設立から生じる帰結であり、この帰結はビジネスでも法的社会でもよく知られている。この点は、外国企業がドイツに現実の本拠を有しながらも外国会社として存在するものとして取り扱われず、それに代えて、当該外国企業に、ドイツ法のもとで組織された子会社をドイツで設立させるという結果を導くこととなろう。[143] その結果、本拠地法説の批判が時として示すのとは逆に、少なくともドイツでは、本拠地法説の適用から生じる破滅的事案はほとんど存在しない。[144] そうしたまれな事案でも、本拠地法説が経済的に正当とはいえない結果から債権者およびその他の第三者を保護する法的な技法を発展させてきている。[145]

第二節　会社の移住

確かに、前述のように、現実の本拠は必然的に固定されているわけではない。それは、会社およびその構成員がいくつもの法域と接触できるからであり、よくあるように、会社の現実の本拠がある国から別の国へ後に移転されるのに、一方の国では会社は解散されず別の国で再設立されることもないからである。本拠地法説では、正当に組織された会社の現実の本拠を国境を越えて移転させることは、普通、会社にとって致命的である。[146] たとえば、ドイツで正当に組織された会社は、解散しないままで現実の本拠をドイツから他の国に移転（移出）することはできない。[147] これと同様に、本拠地法説では、ドイツ以外の国で正当に組織された会社は現実の本拠を、その設立国で解散せずドイツで再設立せずにドイツへ移転（移入）することはできない。[148] ヨーロッパ連合内での会社の移住に関する制限の存在によって、注釈者たちは本拠地法説を「抑制的な」学説と呼んでいるが、この学説はヨーロッパ共同体条約第四三条および第四八条により認められた第一次移転の自由の権利を侵害している。[149] 本拠地法説では、会社は設立国に「監禁され」、「刑務所からの脱獄は死刑をもって罰せられる」[150] といわれている。ヨーロッパ連合内での会社の移住という複雑な問題が隠喩の靄の中にまだ包まれているという事実は、しかしながら、見逃すべからざる重要な問題についてヨーロッパ連合レヴェルでも[151] 加盟国レヴェルでも[152] ともに多数の解決策があるという事実によって置き換えられるべきではない。最も最近の草案である、加盟国から他の加盟国への、準拠法変更を伴う、会社の登録済み事務所の移転に関する第一四指令も、加盟国に対して、現実の本拠地法説の放棄を求めるものではない。

(137) *Großfeld*（前注（3））, pp. 14 & 106 ; *Kindler*（前注（14））, p. 102.
(138) *Großfeld*（前注（3））, p. 106 ; *Kindler*（前注（14））, p. 102 ; *Siehr*（前注（18））, p. 309.
(139) *Großfeld*（前注（3））, pp. 11 & 105–111.
(140) 詳細について参照されるのは、*Großfeld*（前注（3））, pp. 73–75 である。
(141) 詳細について参照されるのは、*Großfeld*（前注（3））, p. 110 である。
(142) In Case C–208/00-*Überseering B.V. v. NCC Nordic Construction Company Baumanagement GmbH.* ヨーロッパ裁判所は、ヨーロッパ連合加盟国で正当に形成された会社が、会社というその法的能力において、外国会社が法廷地抵触法のもとで会社として承認されるときにのみ会社として訴訟を起こす権利が認められているような他の加盟国で訴えることができるということをヨーロッパ共同体条約第四三条および第四八条が定めているかどうかという争点について規律する機会をまもなく持つことであろう。その詳細について参照されるのは、*Ebke*（前注(2)), 48 Am. J. Comp. L. 623, 651-655 (2000)である。

(143) 参照されるのは、*Großfeld*（前注(3)), p. 48である。

(144) *Großfeld*（前注(3)), p. 11である。

(145) これらのからくりについてより詳細に説明しているものとして参照されるのは、*Großfeld*（前注(3)), p. 108である。

(146) 詳細について参照されるのは、*Großfeld*（前注(3)), pp. 145-163 ; *Kindler*（前注(14)), pp. 133-141. しかしながら、本拠地法説は、設立準拠法説を採る国（たとえば、イギリス）の法に従って正式に形成された会社がその the principal place of business を設立準拠法説を採る別の国（たとえば、デンマーク）へ移転することを承認しようとしている。参照されるのは、*Ebke*（前注(2)), 48 Am. J. Comp. L. 623, 633 n. 67 (2000)である。

(147) 参照されるのは、ハム上級地方裁判所、47 RIW 461, 462-463 (2001)（本件はドイツからイギリスへの現実の本拠移転に関するものである）; ハイデルベルク区裁判所、46 RIW 557 (2000)（本件はドイツからスペインへの現実の本拠移転に関わるものである）である。

(148) 参照されるのは、デュッセルドルフ上級地方裁判所、55 JZ 203 (1999)（本件は、オランダ閉鎖会社の現実の本拠がオランダからドイツへ再移転された事案である）である；この判決の詳細について参照されるのは、*Ebke*（前注(84)), 55 JZ 203 (1999). 参照されるものとしてはまた、デュッセルドルフ上級地方裁判所、47 RIW 463, 463-464 (2001)（本件はオランダからドイツへの現実の本拠の再移転に関する)。

(149) *Knobbe-Keuk*（前注(68)), 154 ZHR 325, 356 (1990).

(150) *Knobbe-Keuk*（前注(68)), 154 ZHR 325, 356 (1990).

(151) 参照されるのは、会社の登録済み事務所の、ある加盟国から他の加盟国への準拠法変更を伴う移転に関する第一四指令案 (Doc. XV/D2/6002/97-EN REV.2) である。提案された指令の詳細について参照されるのは、たとえば、*Drury,* Migrating Companies, 24 Eur. L. Rev. 354 (1999) ; *Hoffmann,* Neue Möglichkeiten zur identitätswahrenden Sitzverlegung in Europa, 164 ZHR 43 (2000)である。

(152) *Großfeld*（前注(3)) p. 163 ; *Wymeersch*（前注(46)), pp. 648-652. 参照されるものとしてはまた、*Mülbert &*

Schmolke, Die Reichweite der Niederlassungsfreiheit von Gesellschaften-Anwendungsgrenzen der Artt. 43 ff. EGV bei kollisions- und sachrechtlichen Niederlassungshindernissen, 100 ZvglRWiss 233, 262-271 (2001) がある。

第六章　むすび

本拠地法説のドイツ版であるSitztheorieが法的含意として暗示しているのは、ベルンハルト・グロスフェルト教授が何度も強調するように、本拠地法説が「現代の理論」(153)であるという事実であり、加盟諸国（またはその他の機関）(154)が、ヨーロッパ域内市場における会社にとっての同じ水準の活動領域の創設に関して、たとえ必ずしも統一されていなくても、機能的に等価値の内部事項ルールの創設に成功していたときはすぐに、ヨーロッパ連合内ではもはや正当化されなくなるであろうという事実である。(155) このような企業団体にとっての同じ水準の活動領域をヨーロッパ連合内で創設することは、惟うに、今日では唯一の最も重要な作業であるように思われる。調和の取れた内部事項ルールの体系、そして、投資者を保護し、普通株式やその他の証券のための市場固有の機能（すなわち、会社監督のための市場）を確保する一連の包括的な証券取引諸法、これらがなければ、会社設立認可状をめぐるヨーロッパ連合に加盟する二国間および多国間での競争は歪められることであろう。擬似外国会社に関する諸法、これに類似した結果を達成してきた判例法、そして「海外会社」に対するイギリスのアプローチ、これらと同様、本拠地法説の狙いは、ヨーロッパ連合の内部および外部で存在し続ける会社、投資者および証券に関する異なった法から生じる基本的なひずみを解消することにある。共同体の会社法・証券取引法の現状を考えれば、ヨーロッパ連合の多くの加盟国が本拠地法説に固執し続けるのも、なんら驚くにはあたらない。こうした実務がヨーロッパ共同体条約第四三条および第四八条に合致しているか否かという問題についてまもなくヨーロッパ共同体裁判所によりイィーバーゼーリング社事件(156)で下される判断の内容がどのようなものとなるか、大いに期待されるところであろう。

(153) 参照されるのは、たとえば、*Großfeld*（前注(3)）, p. 30である。

(154) 提案されているヨーロッパ法研究所が果たし得る役割について参照されるのは、*Ebke*（前注(121)）, pp. 212-216である。この文脈における裁判所の役割について参照されるのは、*Ebke*, Unternehmenskontrolle durch Gesellschafter und Markt, in: *Sandrock & Jäger* (Hrsg.), Internationale Unternehmenskontrolle und Unternehmenskultur (1994) pp. 7, 29-31である。

(155) 会社法第五指令のような調和のための努力が法的に望ましく、経済的に重要なことであるかどうかについての思慮深く徹底した研究について参照されるのは、*Ernst & Young*, The Simplification of the Operating Regulations for Public Limited Companies in the European Union (1996)である。

(156) Case C-208/00-*Überseering B.V. v. NCC Nordic Construction Company Baumanagement GmbH.*

質疑応答

―― 一九六八年の会社相互承認条約をオランダが批准しなかった（七頁）のはなぜですか。オランダだけが批准していなくても、原加盟国の多数が賛成していたのであれば、多数決でこの条約を発効させることもできたのではないかと思いますが、どうでしょうか。

この相互承認条約は、共同体条約の原加盟国であるドイツ、フランス、イタリア、それにベネルックス三国（ベルギー、オランダ、ルクセンブルク）、これら六か国の間で、外国会社を国内で受け入れるか否か、つまり、外国会社の法人格を国内でも認めるか否か（この点に関する日本の規定は民法第三六条です）という問題について調整を試みたものです。この点の調整が必要なのは、特に、外国会社が国内で承認されるか否かによって国内で国内企業と外国企業間で締結された契約の有効性が左右されるからです。この相互承認条約をオランダが批准しなかったのは、共同体条約原加盟国中でオランダだけが会社の従属法につき設立準拠法説を採っていたからです。同条約は本拠地法説と設立準拠法説の妥協により成立したものですが、その内容にオランダは不満を持っていました。というのも、オランダは、外国企業の国内投資を促進するためにも、国内企業が外国投資を行う上でも、設立準拠法説を採ることが有利だと考えていたからです。こうした政策的理由で、オランダはこの条約を批准しませんでした。この条約の発効要件として、全加盟国の批准が必要とされていました。オランダが批准しなかったためにこの条約が発効しなかったのは、こうした理由によるものです。

——相互承認条約が「近い将来において復活する可能性はほとんどない」というお話（七頁）ですが、それはなぜですか。

相互承認条約が今後発効する可能性がほとんどないというのは、現在ではヨーロッパ連合の加盟国が一五か国に拡大したからです。一五か国における会社の従属法に関する立場には、純粋の本拠地法説や純粋設立準拠法説のほかにも、折衷説やその他の複雑な考え方を採るものもあり、ますます複雑な様相を呈しています。この条約

ことでしょう。

の発効はわずか六か国でも無理だったのですから、一五か国となるとこの条約を発効させるのはなおさら困難なことでしょう。

だからといって、EU会社法の先行きが暗いものだといえるでしょうか。われわれには、相互承認条約のようにひとつの統一法を作る方法以外にもさまざまなやり方があります。たとえば、連邦制を採っているスイスやドイツをみると、すべての州に適用される単一の会社法があります。これに対して、同じ連邦制を採っているアメリカ合衆国、カナダ、オーストラリアでは、各州がそれぞれ固有の会社法を持っています。このようにみてくると、同じように連邦制を採る国でも、ひとつの国がひとつの会社法を持たなければならないと考える必要性はありません。EU加盟諸国が分け合っている責任は、EU全体の会社法を良くしていくために意見を出し合うことです。EU加盟国のすべてが、必ずしも統一会社法を欲しいと願っているわけではありません。そこで、私が今計画しているのは、会社法に関するモデル法作成のための研究機関の設立です。この機関はEU加盟国とはまったく別の、第三者により構成されるものです。

――今、第三者がモデル法を作成するといわれましたが、その第三者とは誰ですか。

第三者とは、私人であって、政府ではありません。メンバーには個人の資格で裁判官や研究者などが参加する予定です。全部で六名のメンバーには、EUのほか、アメリカ合衆国や日本からの参加も求めるつもりです。先に述べたように、加盟諸国の法を調整することは、実際、大変困難な作業です。一五か国の政府が集まって話し合い、一五の国内法をごちゃ混ぜにしてひとつにすると、一五か国すべてが「この法は自国の法とは違う!」と文句を言い出すでしょう。一五の加盟国の中には小国もあれば大国もあり、利害もアイデンティティーも異なります。それにも拘わらず、すべてをごちゃ混ぜにして統一しようとするのがこれまでみられた伝統的な法の調整方法でした。この手法によると、原加盟国が六か国というように少ない場合には成功する可能性もありましたが、今日では加盟国は一五か国になっています。相互に異なる点が少なくない諸国の法を合わせてひとつにすれば、奇妙なものが出来上がってしまいます。というのも、一国の法制度というのは、それぞれが完結したものだからです。そうした加盟諸国の法をまとめてひとつにしようとする作業はうまくいきません。そこで、私は、新しい立法主体を作ることを考えたのです。それは、どこか特定の国家の考えを取り入れるものではありませんし、政治権力とは一切関わりを持たないものです。「国」という概念を消してしまうのです。

——新しい立法主体として「国」という概念を消すとはいっても、やはり伝統的な法概念を捨てるのは難しいのではありませんか。

確かにその通りだと思います。日本の弁護士もアメリカ合衆国の弁護士も混乱するかもしれません。法を比較することが必要になるでしょう。たとえ国際的に適用される会社法を作るとしても、それを適用する者の頭の中には、あるひとつの法制度が存在するでしょうから。しかし、優れた法律家であれば、特定の国の枠にとらわれずに考えられるはずです。もちろん、アメリカ合衆国にもヨーロッパにもそれぞれの枠があります。たとえば、アメリカ合衆国では個人の責任が重視されているので、個人が業績の悪い会社に投資し、それで損失を被ったとしても、政府の保護は期待できません。損失を被っても、それは本人の責任となります。そこで、アメリカ合衆国には、そうした損失を回避できるようにするため、会社の業績の良し悪しを判断する投資銀行があります。これに対して、ヨーロッパには、消費者保護という考えが根底にありますので、個人は政府の保護を期待することができます。このような考え方がみられるヨーロッパでアメリカ型の投資銀行が活動していけるでしょうか。このように、アメリカ合衆国とヨーロッパをみても、それぞれの哲学には大きな違いがあります。

ただ、そうはいっても、双方の哲学にもある程度共通する部分があります。それは歴史的な理由によるものですが、両者の根底にある哲学が同じであれば、両者の間でもひとつの新しい会社法が作れるのではないでしょうか。ＥＵは発足して約五〇年になりますが、結局のところ、この点を考えるためには、何がヨーロッパの哲学か、という問いに立ち返ることが必要です。ヨーロッパではこの点についてコンセンサスがあるため、各国に固有の事情を言わなければ、困難はあるものの、ひとつの新しい会社法を作ることも可能であると考えています。

――「異なる法体系に属する法の「混合物」が生れている」ことが「望ましくない」（二九頁）というのは、どのようなことなのでしょうか。

各国の国内法秩序はそれだけで完結しています。二つの国の法秩序を同時に適用すると、規範の衝突が生じるので、適応問題（調整問題）の解決が必要となってしまいます。適応問題の解決が難しいことを考えれば、二つの法秩序が同時に適用されるような事態を避けることが必要です。

国内法秩序がそれだけで完結していることを示す例を挙げます。たとえば、イギリス法上会社の最低資本金は一ポンド（約二〇〇円）です。実際には一ポンドの資本金でさえも支払われていないことがあります。このことはアメリカ合衆国でも同じです。それは、英米法の哲学の根底に、消費者保護や債権者保護という概念がないからです。私人が契約を結んだ相手方企業に資本金がないこともまれではありません。その場合でも、契約は、当事者が自己の責任に基づいて締結していると考えられています。こうした考えが基礎にあるので、契約を締結してもよいかどうか判断する基準を得るために、英米では投資銀行や保証会社などが必要となっています。他方、ヨーロッパには消費者保護や債権者保護といった考え方がありますので、最低資本金は英米のそれよりも高く設定されています。こうした最低資本金の違いは両者の哲学の違いであるといえるでしょう。哲学が違えば、その調和は困難です。こうした理由から、「混合物」は「望ましくない」のです。

——会社の従属法は本拠地法説か設立準拠法説か、この点について優劣判断の基準となる「比較の第三項」はありますか。あるとしても、その基準は、結局、論者の政策判断次第という主観的な基準でしかないことになりませんか。

設立準拠法説や本拠地法説はあくまでも基本原則に過ぎません。たとえば、欧米は民主主義の考え方、つまり自由主義の考えを採っています。これを前提とすると、双方とも設立準拠法説を採用し、発起人による選択の自由を尊重するはずです。しかし、真の問題は、そうした従属法選択の自由が果たして無制限でいいのかということです。この点は論者の哲学に関わります。言い換えれば、どのような法政策を掲げるべきかが基準となります。米国は自由を制限しないという考え方を優先したので設立準拠法説を採用し、ヨーロッパは株主保護や消費者保護や労働者保護のために従属法選択の自由を制限するという立場を優先したために本拠地法説を採用してきました。両者のどちらが正しいかという問題ではなくて、各国の政策的目標を達成するためにどちらの考え方を採用すべきかという点が、設立準拠法説と本拠地法説のいずれを優先させるかの基準になります。

――本拠地法説を採るか、それとも設立準拠法説を採るかを各国はいつ決めるのですか。その決定には国家利益が関係すると思いますが、設立準拠法説における国家利益は何ですか。

国家は自国の利益を守るためにいろいろな政策を決めています。設立準拠法説における国家利益を考えるにあたり、この考え方が出てきた背景についてみることが適切です。設立準拠法説は一九世紀にイギリスで主張されていました。その頃、イギリスは世界各地に植民地を支配していました。そうした植民地では、イギリス本国からの投資の受け入れが必要となっていました。そこで、イギリスから多くの企業が海を越えて植民地へ進出しました。当時の社会状況では、海外に進出したイギリス企業をイギリス本国以外でも、独立した企業として活動させることがイギリスでも必要と考えられていました。設立準拠法説が国家利益に妥当していたのはこのような理解があったからです。しかし、二〇世紀になると反対にイギリスへいろいろな国の企業が進出してきました。イギリス法は消費者保護も債権者保護も不十分ですが、この点について広く知られてはいませんでした。あるとき、オランダの裁判所で、イギリスで設立された会社が問題となりました。オランダのこの裁判所はそのイギリス会社に対して最低資本金の提示を命じました。イギリスとオランダは両国とも設立準拠法説を採用していましたが、イギリス法上は外国会社でも最低資本金が実質的に振り込まれていなくてもよいという点が異なります。こうしたイギリス法の状況に驚いたオランダは、この事例をＥＵ裁判所に持ち込みました。この事件は、ＥＵ裁判所が国ごとに異なる会社法を持つことから生じる問題を取り扱った最初の例でした。このとき、多くの国々では驚いたものです。「こんなにも広範に自由を認める国があったのか！」と。

――設立準拠法説を採る国が実質的に本拠地法説への転換を試み始めた根拠は、「発起人および会社に対して会社法選択に関する無制限の自由を認めるという考えが実務では失敗してきたというものである」（二八頁）とありますが、「失敗」の内容はどのようなものですか。

アメリカ合衆国では、株主保護や消費者保護の意識が比較的薄く、本人の責任に基づいて契約を結びます。アメリカ合衆国の中でもカリフォルニア州は、少数株主が取締役会メンバーになれる唯一の地域です。つまり、少数株主も責任を分け合うのです。もしカリフォルニア州で設立された企業がドイツで活動するとすれば、設立準拠法説では、この点が多数派株主保護の観点から問題になります。本拠地法説を採る国の考え方からすると、多数派株主を保護しようとすれば、設立という要素だけで会社の従属法を決めるのは、政策的に好ましくないこととなります。従属法選択の自由を無制限に認めることは良くないと考えるからです。設立準拠法説のように、企業がいずれの国の会社法を従属法とするかを選ぶことができたら、企業はカリフォルニア州のように規制の少ない地域へ逃げて行ってしまうという実務上の問題があります。こうした問題が具体的な失敗です。

――「会社の現実の本拠地を決定する上で、裁判所はいくつかの要素に目を向けた」（一四頁）といわれましたが、そうした要素を決定する上で、「比較の第三項」たる判断基準はありますか。

この点は、本拠地法説を採る国にとって一番困難な問題です。「現実の本拠地」を決める要素としてどのようなものが考えられるでしょうか。営業所、営業活動が具体的に行われている場所、意思決定機関、商品開発が行われた研究所というように、いろいろな場所が挙げられます。しかし、それらの要素の間で最初から優先順位が決められているわけではありません。「現実の本拠地」を決める要素は何かということよりも、個々の会社について、その重心はどこかという点を中心的に考えなければなりません。つまり、各企業とどの地域とがより密接に結びついているのか、という点が重要なのです。

本拠地法説は基準が非常に複雑な原則だという指摘がありますが、それは的を射たものでしょうか。この原則に基づき裁判所が判断する上で重要なのは、どこで企業が本当に活動しているかという点です。つまり、裁判所にとって本当に必要な作業は、労働者がどこに一番多くいるか、資本金はどこにあるか、製品の生産はどこで行われているか、工場はどこに集中しているか、取締役会はどこで行われているかなどを可能な限り広範に調べることであり、それを通じて、企業がどこで活動しているのか、その実質を明らかにすることです。もしある企業が同額の資本金をA国、B国、C国それぞれにプールしていたら、この企業の本拠はどの国でしょうか。また、この点をどのようにして決めますか。われわれには、ダイムラー・クライスラー社の例があります。以前読んだドイツの新聞によれば、同社は資本をドイツに六〇%、アメリカ合衆国に四〇%置き、本社をデトロイトに有しています。しかし、同社の取締役会はニューヨークで行われています。それは、ニューヨークがデトロイトとドイツの真中に位置するからです。同社がこのような方法を採るのは、国際租税法と関係があります。一般的な理解によれば、国際会社法における本拠地法説と同様に、国際租税法でも、企業は「本拠」を基準に課税されます。ダイムラー・クライスラー社は、たとえドイツに資本を置いていても、税金対策上、課税されるのは比較的税金の安いニューヨークにしたかったのです。つまり、どこの国の租税法を選択するかが決め手になったということです。もし、五年後にダイムラー・クライスラー社が資本の四五％をドイツに、五〇％をアメリカ合衆国に置くようになったら、どうなりますか。この会社がドイツでも活動するならば、ドイツで再設立しなければならなくなります。それは、ドイツに資本の過半数が置かれなくなると、ドイツではその企業は倒産したものとみなされるからです。その場合、現在この会社と契約を締結している多くのドイツ企業はどうなるでしょうか。ダイムラー・クライスラー社に対して持っている債権は回収できるのでしょうか。こうした問題が発生するにも拘わらず、経営政策上資本を他国へ移す企業が増えています。この点が本拠地法説の弊害です。

――本拠地法説では、会社がその本拠を他国へ移転した場合、どのような問題が生じますか。

たとえば、ある企業の設立国はイギリスですが、活動の本拠をドイツに置くと、その企業は本拠地法説を採用するドイツ法上存在しないこととなり、解散されたとみなされてしまいます。その結果、発起人の法的責任をいかに考えるかという問題が生じます。また税法上も、この企業はドイツでもう一度設立され、登記されなければならないので、税金を二重に支払うことになるという問題が生じます。

――本拠地法説のデメリットとして、「本拠」という言葉の曖昧さと、会社の移住に伴う問題（三八頁）があると思います。こうしたデメリットが存在すること自体、本拠地法説の欠陥を表しているのではありませんか。

本拠地法説における「本拠」概念は曖昧だという指摘がありますが、そうした指摘を過大評価すべきではありません。本拠地法説のもとで大切なのは、たとえば企業がA国で設立されたがB国でしか活動していない場合、つまり、設立地以外で活動している場合、その企業の本拠がどこにあるかという点、つまり、活動の比重がどちらの国にあるのかという点だからです。必ず比重はどちらかの国にあるものです。法律家は、具体的事例を細かくみていくことで、この点を明らかにすることができるはずです。

また、本拠地法説は会社が他の国へ移住するときの障害となるという点も、本拠地法説のデメリットとして指摘されていますが、この点については、各国の法制度の違いから生じる弊害についてもみておかなければなりません。各国の法制度の違いは多少とも調整されてきていますが、たとえばわれわれドイツ人が日本法をみると、日本法は労働者保護の点でも消費者保護の点でも十分ではありません。それは、部分的には、日本が島国であることに起因していると思われます。日本のような島国で、会社をことさらに保護する必要がありますか。会社は地理的な保護をすでに受けています。企業間の競争をみてみましょう。たとえば、自動車市場でA社とB社が競争しているとします。A社とB社で販売されている自動車がまったく同じ品種で同じ品質ならば、消費者は価格の安い方を買うのが普通です。そこで、A、B両社は価格の引下げ競争を行います。A、B両社の所在地国の会社法上、労働者保護と消費者保護の規定が異なり、一方の国の会社法が十分な保護を与えていないとすれば、この点も両社間の競争に影響を及ぼすことがあります。このように、本拠地法説における政策的な考慮は広範に亘っています。ヨーロッパのこうした哲学を前提とすると、会社の移住の自由を無制限に認めることはできません。この点をデメリットと感じるか否かは、論者の立場や哲学によって変わり得るものです。ヨーロッパ諸国は宗教やイデオロギーがある程度共通しているので、法の統一を進められます。しかし、同じように異なる法秩序を持つ国には、アメリカ合衆国のように、連邦制もあります。哲学の違いを無視して従属法を決めようとすれば、機能不全をもたらすでしょう。

このように考えると、指摘された二点は考えようによっては本拠地法説のデメリットといえるかもしれませんが、これが本拠地法説の致命的な欠陥を示しているとは必ずしもいえないように思われます。

—— 設立準拠法説ならば、その連結点に対する予見性は安定しています。他方、本拠地法説をみれば、連結点が曖昧であったり複雑であったり複合的であったりしています。本拠地法説は、法的安定性の欠如との関係から、従属法を選ぶ当事者の保護をどのように図るのでしょうか。

たとえばドイツ法上、共同決定制度というものがあります。この制度によれば、会社の組織の一番上には労働者と経営者の代表がそれぞれ五〇%を占める経営監査役会があり、その下に取締役会があります。こうした制度はイギリス法にもフランス法にもありません。その結果、イギリスで設立されてドイツで活動する企業がその組織について法的に争った場合、設立地では共同決定制度の義務はないが、本拠地ではあることとなり、法的結論が分かれてしまいます。この点は、よく、法的安定性の欠如の例だといわれています。この問題を解決するには、EU加盟諸国の会社法調整作業を進めるしかありません。法の統一への努力を進めるのみです。

—— ドイツが本拠地法説を採用している最大の理由は何ですか。

ドイツの会社法には共同決定制度があります。しかし、他の国の法には共同決定制度がありません。そうすると、ドイツ会社法上の観点からは労働者保護が不十分であることとなります。労働者保護が不十分であると、失業者が増えます。国内ではドイツ法上の労働者保護が達成されるように本拠地法説を採用しているのです。

――ヨーロッパ裁判所は一九九九年のセントロス事件判決において設立準拠法説を選んでいるように見受けられますが、同裁判所はなぜそのように判断したのですか。

まず予備知識として、ＥＵの裁判制度について述べましょう。個々の事件はまず各加盟国の国内裁判所で審理されます。その際、各裁判所がどのような方法でいかなる法を適用するかは、統一法がない場合、各裁判所の国内法によります。国内法の適用過程で当該国内法がＥＵ法に合致しているか否かが問題となった場合、ＥＵ法の解釈について、国内裁判所はヨーロッパ裁判所に提訴します。その場合、ヨーロッパ裁判所がいかなる論拠に基づいて判断を下すかは自由です。セントロス事件判決でヨーロッパ裁判所が設立準拠法説を採用しているといえるか否かという点は争われており、必ずしも見解が一致していません。というのは、同裁判所は本拠地法説が共同体条約第四三条および第四八条に違反すると明確に述べているわけではないからです。同裁判所が明確な判断を控えたのは、本拠地法説の共同体条約第四三条および第四八条に対する違反が明らかになれば、同裁判所は設立準拠法説を採用しなければならなくなるからです。設立準拠法説に従うと、消費者保護や債権者保護が不十分になります。オランダのように設立準拠法説を採る国が本拠地法説へ転換する動きがありますが、そうした状況のもとで、あえてヨーロッパ裁判所が明確に設立準拠法説を採用すると判示することはできないでしょう。

ヨーロッパ裁判所の判決に期待されているのは、おそらく、同裁判所の判決が加盟諸国に対して法の調整を進める推進力となるような役割でしょう。時間はまだまだかかるでしょうが、セントロス事件判決が出されたことで、加盟諸国には法の調整を進める責任が強まったことと思います。その好例は、オランダがそれまでの設立準拠法説を改め、一九九七年一二月一七日に擬似外国会社に関する法律を定めたことです。それまでオランダは、EU原加盟国の中で唯一つ設立準拠法説を採用する国でした。しかし、オランダは、イギリスで設立されてオランダで事業を行っている会社に最低資本金がないことに気付きました。イギリスの会社が倒産しても、オランダの会社は損失を負うだけです。そこで、オランダも、消費者保護や債権者保護といった考え方を採用するように変わりました。

ただ、セントロス事件判決の後、ドイツの裁判官へのインタビュー記事が新聞に載っていましたが、この裁判官は「EU会社法を作る必要がある」と主張していました。しかし、一体どうやって作るのでしょうか。すでに加盟国は一五か国にも拡大しています。この点を考えれば、国家以外の立法主体を考えざるを得ないでしょう。

――セントロス事件判決ではEU域内における営業所開設の自由を認めていますが、加盟国が本拠地法説を採用すれば自国利益の保護が守られることとなります。この二つの要請をどのように調和させるのですか。

営業所開設の自由と国益保護との調和とはいっても、加盟国は最終的には自国の利益を保護したがりますから、設立準拠法説を採用しがちです。また、国内の裁判官も判断の簡単な設立準拠法説を採用しがちなのが現状です。ですから、真の意味での調和にはまだ程遠いというのが実情でしょう。

――本拠地法説や設立準拠法説を全面的に適用するのではなく、会社の内部関係と外部関係とに分けて準拠法を決めようという考え方があるようですが、会社の内部事項か外部事項かを区別する基準は何ですか。たとえば、代理は内部事項にあたりますか。

概念的には、社員や意思決定機関といった、会社を構成しているメンバー同士の関係を内部事項といいます。これに対して、会社を構成しているメンバー以外と会社との関係は外部事項となります。たとえば、会社が第三者と締結する契約関係です。代理人が第三者と締結した契約について争いになった場合は、代理権が会社からその代理人に与えられているか否かが重要となります。このような代理人の権限については会社の内部事項になります。これはドイツでもアメリカ合衆国でも同じです。

立法権限が複数ある場合の会社法・企業法

——抵触法による国益保護、法秩序間の競争、法の調整のいずれを採用すべきか——

Gesellschafts- und Unternehmensrecht in multijurisdiktionalen Rechtsordnungen : Kollisionsrechtlicher Selbstschutz, Wettbewerb der Rechtsordnungen oder Rechtsangleichung ?

山内惟介訳

目　次

第一章　はじめに

ヨーロッパ域内市場の会社法・企業法が将来どのようなものになるかは、ヨーロッパ連合におけるひとつの大きな法政策的テーマである。(1) 加盟諸国の会社法・企業法を調整するために、これまでにもさまざまな努力が行われてきている。そうした努力の跡は前世紀の一九六〇年代まで遡ることができよう。(2) 当初は確かにみるべき成果があった。しかし、その後、一九八〇年代になると、法の調整には行き詰まりがみられるようになった。(3) 会社法調整の「危機」という言葉が流行したものである。(4) その後も、新たな試みが繰り返された。(5) しかしながら、重要な計画、たとえば（会社の構成に関する）第五次指令や、現に構想中のヨーロッパ株式会社規則は加盟諸国の抵抗に遭い、挫折している。(6) ヨーロッパ連合というシステムに内在する、会社法調整を促そうとする「圧力」は、むろん加盟諸国では、どちらかといえば弱いものであった。それは、ヨーロッパ裁判所が、ヨーロッパ法における会社移動の自由（ヨーロッパ共同体条約第四三条、第四八条）に関する判例で、加盟国会社法秩序間での競争をごく限られた範囲でしか認めてこなかったからである。(7) ディリー・メイル事件の裁判で述べられた付随的意見はその後の道標となったものである。この裁判で同裁判所が明らかにしたように、ヨーロッパ会社法の当時の状態では、同一性を維持したままで会社の本拠を国外に移すことは認められていなかった。(8) 加盟諸国の会社に関する抵触法の内容をみると、明らかに、広範囲に亘って「移動の自由に対する抵抗の姿勢が示され」ていた。(9) そのため、加盟諸国は、自国の国際会社法を用い（たとえば本拠地法説を利用し）て、自国の国内（会社）法上考慮されているさまざまな利益や評価を条約上も国際的に防衛することができたのである。[10] ヨーロッパ的規模での法の調整にあたり、加盟諸国にみられるさまざまな評価や利益をすべて実現——そのこと自体、往々にして政治的には難しいことであるが——しようとする直接的な圧力がどこからも加えられていなかっただけではない。むしろ、それ以上に、そのような動きを促進するどのような刺激も存在しなかったのであった。

それでも、ヨーロッパ裁判所は先頃セントロス事件の裁判で、控えめではあるが、加盟諸国に「法の調和を達成する」よう勧告している。[11] こうした事情から、政治家たちは、ヨーロッパ連合「統一会社法」を急に求めるようになってきた。[12] ヨーロッパ裁判所のこの勧告が実を結ぶかどうかは、なお様子をみなければならない。それでも、法の調整に向かう新たな出発の兆しがみられよう。たとえば、二〇〇〇年一二月に加盟諸国の首脳がニースで行った合意には、長らく構想中のヨーロッパ株式会社規則の成立が含まれている。[13] ヨーロッパ株式会社規則の施行時期として考えられているのは、もちろん二〇〇四年よりも前の時期ではない。[14] それにも拘わらず、著者がすでに一九九二年にエァンスト・ラーベル記念講義で提起した根本的な問題はなお残されたままである。つまり、われわれがヨーロッパ会社法・企業法においてどのくらいの統一を必要としているのか、会社法・企業法にどの程度の多様性があればわれわれはヨーロッパ域内市場で生活できるのかといった問題がそうである。

(1) *Ebke*, Economic Integration, Corporate Governance and Capital Market Regulation : In Search of a New Model for the European Union, in : *Vosgerau* (Hrsg.), Institutional Arrangements for Global Economic Integration, 2000, S. 63 ; *Buxbaum/Hopt*, Legal Harmonization and the Business Enterprise. Corporate and Capital Market Law Harmonization Policy in Europe and the U.S.A., 1988 ; *Reher*, Gesellschaftsrecht in Gemeinsamen Märkten, 1997.

(2) *Ebke*, Company Law and the European Union, Centralized versus Decentralized Lawmaking, Int. Law. 31 (1997) 961,

973–975.

(3) *Ebke*（前注(2)）, S. 962–963.

(4) *Behrens,* Krisensymptome in der Gesellschaftsrechtsangleichung, in : Festschrift Mestmäcker, 1996, S. 831.

(5) *Hopt,* Europäisches Gesellschaftsrecht-Krise und neue Anläufe, ZIP 1998, 96 ; *Deckert,* Zu Harmonisierungsbedarf und Harmonisierungsgrenzen im Europäischen Gesellschaftsrecht, RabelsZ 64 (2000) 478.

(6) *Ebke,* Das Schicksal der Sitztheorie nach dem Centros-Urteil des EuGH, JZ 1999, 656, 661.

(7) *Ebke,* Unternehmensrecht und Binnenmarkt-E pluribus unum ?, RabelsZ 62 (1998) 195, 208.

(8) EuGH 27. 9. 1988–Rs. 81/87 (*The Queen /. H. M. Treasury and Commissioner of Inland Revenue, ex parte Daily Mail and General Trust Plc.*), Slg. 1988, 5483.

(9) *Klinke,* Europäisches Unternehmensrecht und EuGH : Die Rechtsprechung in den Jahren 1991–1992, ZGR 1993, 1, 7.

(10) *Ebke,* Das Internationale Gesellschaftsrecht und der Bundesgerichtshof, in : 50 Jahre Bundesgerichtshof, Festgabe aus der Wissenschaft, Bd. 2, 2000, S. 799, 799 und 816–817.

(11) EuGH 9. 3. 1999–Rs. C-212/97 (*Centros. /.Erhvervs-og Selskabsstyrelsen*), Slg. 1999, I–1459.

(12) *Däubler-Gmelin,* Wir brauchen ein einheitliches Gesellschaftsrecht schneller, als wir dachten, Frankfurter Allgemeine Zeitung vom 13. 8. 1999, S. 31.

(13) *Ebke,* Die Haftung des gesetzlichen Abschlussprüfers in der Europäischen Union, ZVglRWiss 100 (2001) 62, 78 und 85–86. このヨーロッパ株式会社規則は最終的に一九九五年五月にスペインの抵抗に遭って挫折した。参照されるのは、*Ebke,* Internationalisierung der Rechnungslegung, Revision und Publizität und die Schweiz, ZSR 119 (2000) 39, 70 である。

(14) *Ebke,* Neue Chancen für eine Europäisierung des Gesellschafts-und Unternehmensrechts ?, RIW 2001 Heft 8, S. I (“Die erste Seite”).

第二章　立法権限が複数ある場合

自国法秩序の外へ目を向ければ分かるように、立法権限が複数ある場合における会社法・企業法分野での立法の仕方は決して統一されているわけではない[15]。

第一節　連邦国家の秩序

ヨーロッパ大陸の連邦制秩序を有する諸国の場合、会社法・企業法に関する立法権限が連邦国家自身に帰属する例は、今日でも、しばしばみられている。スイスとドイツはその古典的な例である。ドイツでは、一八六一年の一般ドイツ商法典の編纂以降、株式制度は統一法となっている[16]。スイスで、商法を（したがってまた会社法も）新たに創設された連邦国家の規模で統一するさまざまな努力が始められたのは、（憲法が新しく制定された）一八四八年から間もない頃のことであった。一八七四年に設定された連邦の管轄権に基づいて、会社法は、民事法とともに、債務法典の中に規定された。その発効は一八八三年一月一日であった[17]。会社法の統一は、このようにドイツでもスイスでも、国の政治的統一を反映したものであった。

会社法・企業法分野における立法権限の国家への集中は、しかしながら、決して連邦制秩序に必然的なものではない。このことを裏付けているのが、連邦制を採る他の諸国、たとえばアメリカ合衆国、カナダ、そしてオーストラリアの例である。これらの国では、会社法はまず州ごとに別々に定められている。この分権型立法は、いつもというわけではないが、憲法上明確に定められた、連邦と州との権限配分の結果である。[18] 往々にして、分権型立法は必ずしも立法者や官僚による戦略的構想の帰結といえるものではなく、多くの法的、歴史的、政治的、社会的、そして経済的な諸要素が、偶然の出来事までを含めて、一緒に作用して作り出したものなのである。[19]

二〇世紀初頭まではまだ、たとえばアメリカ合衆国でもそうであるが、会社法の分野で連邦と州の権限をどのように配分するのが「最良」かという問題は解決されていなかった。ここでは、全米州法統一担当者会議がアメリカ合衆国において連邦統一会社法創設のために行ったいろいろな試みを考えるだけで足りよう。[20] そうした努力が行われたにも拘わらず、目にみえる成果が生まれなかったために、一九三五年にアメリカ法律協会で生まれたのが、ひとつの方式、見通しが利かないように感じられ、しかも州ごとの規律と裁判例の洪水がいよいよその勢いを増してまったく姿を摑めなくなっている会社(corporation)法を、明確に構成されかつ体系的に整除された方式、つまり「会社法リステイトメント」として描くという考えであった。[21] これらの考慮における狙いは、裁判所や弁護士に対して専門知識を集める手段を提供することであった。その目的は、このことによって法の調整に関してある種の尺度を設けることに置かれていた。しかしながら、またも、この考えはすぐに拒否されることとなった。その後集中的に考慮された試みは、アメリカ合衆国の五〇州の会社法秩序がそれぞれ示してきた個々の流れを複数のいわゆる「モデル法」を通じて阻止しようとするものであった。モデル法は、全米州法統一担当者会議の考えでは、州により(全面的にまたは変更を加えて)任意に取り入れられ、その結果、株式会社につき機能的に同価値のルールが設けられようになるはずのものであった。[22] しかしながら、目覚しい成果がみられたのは、アメリカ法曹協会が起草した一九五〇年の事業会社モデル法が最初であった。[23]

こうした動きと並行して、アメリカ合衆国では、一九三〇年代初めに連邦レヴェルで統一的な資本市場法（連邦証券取引規則）が発達してきた[24]。たとえ資本市場法が一九六〇年代初めにはまだ婉曲的に「連邦会社法」といわれていたにしても、この法的成果は、諸州の会社法にみられる多様性の修正や、州ごとに定められている会社の組織・構成の不足の補充を任務とするものではなかった[25]。むしろ、連邦資本市場法は、当初から、州を超越した連邦規模の市場の働きを確保しようとするものであった。全国的規模の市場で取り引きされた財産は特に「自己資本」や「他人資本」であり、市場を通じて企業および企業経営者に対する規制が実行された[26]。州の会社法と連邦の資本市場法から成る二元制システム内での可動性に配慮したのは、アメリカ合衆国では、とりわけ裁判所であった。

このようにして、アメリカ合衆国の最高裁判所により、たとえば一九三四年の証券取引法第一〇b条、同規則第一〇b―五条や企業買収に関する――制限解釈や拡張解釈を行った――判例を通して、連邦と州の役割分担が固定的なものではなく、動的に変化するという結果が生み出されてきた[27]。この動的に変化するプロセスの中で、連邦の立法者は概ね抑制的に行動した。その介入も必要なときに限られていた。その例は、一九九五年一二月二二日の証券取引私訴改正法の制定である[28]。州会社法改正の前提にあるのは、今日では主にモデル法の起草者である。そのきっかけを提供するのはいつも州自身である。諸州は――自州の寛大な会社抵触法を用いて優位性を確保し[29]――合衆国最高裁判所のポール対ヴァージニア州事件[30]の裁判以降、会社に対し「他州に凌駕する」会社法を提供できる地位を争って手に入れようとした[31]。この提案には新しい魅力的な会社形態も取り入れられていた。どの州も明言していたように、その意図は、「法秩序間の競争」から自州の優越的地位を引き出すことであった（たとえば、税や手数料の発生、職場）。

第二節　新しい形式の国家共同体

第二次世界大戦終結後、古典的な連邦制秩序を有する国のほかに、新しい種類の国家共同体形式が生まれた。この「同盟」の特徴は、その構成国の独立性、政治的・経済的・その他の諸目標を共同体規模で実現しようとする努力、ひとつの法的靭帯（「条約」）による結びつき、これら三つである。各構成国とそれらの上位にある全体との間の秩序は、そこでは、国家論的意味での連邦として形成されてはいない。それでも、この法的靭帯により、各国民国家は上位の統一体へと結合され、同時に、国民国家には多様性、自主性および自由が保障されている[32]。政治的共同体形成の形態として、国家による同盟が出てきたのは、国民国家間で競合する各国固有の利益に共同体全体の利益が累積される状況がますます多くなり、多くの課題が今日では同盟の中でしか有効に解決できないという認識の現れである[33]。

このような「理性による同盟」の最も印象深い例がヨーロッパ連合である。ヨーロッパ連合は確かに当初は超国家的秩序として構想されたが[34]、マーストリヒト条約およびアムステルダム条約によって、本当の連邦秩序へ、そして真の連合へと発展する好機を得た[35]。今日すでに、ヨーロッパ連合では、加盟諸国による立法主権の排他性は変容し、主権とはひとつの国家同盟の部分的主権だという理解が深まっている。国家同盟自体に同盟全域に及ぶ規則の公布が許されるのは、規則の制定がヨーロッパ域内市場を機能させる上で必要であり、かつ、秩序政策上の基準たる補充性原則と限定的権限配分原則により許されるからである[36]。ヨーロッパ連合内の、相互に密接に関連し合う法秩序と立法権限という理解は、加盟国間での配慮と協力の賜である[37]。

(15) *Ebke,* Die Zukunft der Rechtsetzung in multijurisdiktionalen Rechtsordnungen, Wettbewerb der Rechtsordnungen oder zentrale Regelvorgabe-am Beispiel des Gesellschafts- und Unternehmensrechts, ZSR Beiheft 28 (1999) 106.

(16) *Assmann,* in : Grosskommentar AktG, 4. Aufl. 1992, Einl. Rz. 68 und 76 ; *Schubert,* Die Einführung der Allgemeinen Deutschen Wechselordnung und des Allgemeinen Deutschen Handelsgesetzbuchs als Bundesgesetze (1869), ZHR 144 (1980) 484.

(17) *Meier-Hayoz / Forstmoser,* Grundriss des schweizerischen Gesellschaftsrechts, 8. Aufl. 1998, S. 222-223. 商法および会社法をドイツ国内で統一的に形成することの要否という問題について参照されるのは、die Botschaft des Bundesrates, BBl. 1880 I 151, 159 である。

(18) *Ebke* (前注(7)), S. 225.

(19) 参照されるのは、わずかに、*Romano,* The Genius of American Corporate Law, 1993 ; *Buxbaum,* Federalism and Company Law, Mich. L. Rev. 82 (1984) 1163 ; *Carney,* The Political Economy of Competition for Corporate Charters, J. Leg. Stud. 26 (1997) 303 ; *Charny,* Competition among Jurisdictions in Formulating Corporate Law Rules : An American Perspective on the "Race to the Bottom" in the European Communities, Harv. Int. L. J. 32 (1991) 423 である。

(20) *Conard,* Corporations in Perspective, 1976, S. 8.

(21) *Ebke,* Unternehmensrechtsangleichung in der Europäischen Union : Brauchen wir ein European Law Institute ?, in : Festschrift Großfeld, 1999, S. 189, 206.

(22) *Conard* (前注(20)), S. 8.

(23) *Ebke* (前注(21)), S. 210.

(24) *Ebke,* Unternehmenskontrolle durch Gesellschafter und Markt, in : *Sandrock / Jäger* (Hrsg.), Internationale Unternehmenskontrolle und Unternehmenskultur, 1994, S. 7, 22.

(25) *In re Cady Roberts & Co.,* 40 S.E.C. 907, 910 (1961). 参照されるものとしてはまだ、*A. Fleischer,* "Federal Corporation Law" : An Assessment, Harv. L. Rev. 78 (1964/65) 1146 がある。

(26) *Ebke,* Management Buy-Outs, ZHR 155 (1991) 132 ; *Meier-Schatz,* Managermacht und Marktkontrolle, ZHR 149 (1985) 76, 93-102. 市場が経済的視点から行う企業規制につき、ドイツ会社法に固有の背景を考えたものとして参照されるのは、*Flassak,* Der Markt für Unternehmenskontrolle, 1995 である。

(27) これについて一般的に参照されるのは、*Steinberg*, Understanding Securities Law, 2. Aufl. 1996, S. 181-211; *Ebke*, Wirtschaftsprüfer und Dritthaftung, 1983, S. 186-214である。

(28) Pub. L. 104-67, 109 Stat. 737 (1995). この法律の細目について参照されるのは、*Antonucci*, The Private Securities Litigation Reform Act and the States: Who Will Decide the Future of Securities Litigation ?, Emory L.J. 46 (1997) 1237; *Steinberg*, The United States Enacts the Private Securities Litigation Reform Act of 1995, J. Bus. L. 1996, 299; *Tschäni*, Private Securities Litigation Reform Act von 1995, SZWR 1996, 76. この法律が及ぼしたさまざまな影響について参照されるのは、*Grundfest/Perino*, Securities Litigation Reform. The First Year's Experience, 1997である。

(29) 細目について参照されるのは、*Ebke*(前注(7)), S. 214-216; *Göthel*, Internationales Gesellschaftsrecht in den USA: Die Internal Affairs Rule wankt nicht, RIW 2000, 904である。

(30) 75 U.S. [8 Wall] 168 (1869).

(31) ここで考えられているのは、一九八二年にフロリダ州で生まれたLimited Liability Companyと一九九一年にテキサス州で生まれたLimited Liability Partnershipである。これら広く普及している会社形式の細目について参照されるのは、*Ribstein*, The Emergence of the Limited Liability Company, Bus. Law. 51 (1995) 1; *Bromberg/Ribstein*, Limited Liability Partnerships and the Revised Uniform Partnership Act, 1995である。

(32) *Heckel*, Der Föderalismus als Prinzip überstaatlicher Gemeinschaftsbildung, 1998.

(33) *Ebke*, Enforcement Techniques within the European Communities: Flying Close to the Sun with Waxen Wings, J. Air L. & Comm. 50 (1985) 685, 688-690.

(34) *Hartley*, The Foundations of European Community Law, 2. Aufl. 1988, S. 6-7.

(35) *Arndt*, Europarecht, 3. Aufl. 1998, S. 10-18; *Bleckmann*, Europarecht, 6. Aufl. 1997, S. 26-30. ヨーロッパ連合がその当時連邦国家という形態を採っていなかったという点について参照されるのは、*Kirchhof*, Die Gewaltenbalance zwischen staatlichen und europäischen Organen, JZ 1998, 965, 967.

(36) *Ebke*(前注(7)), S. 220-224; *Hopt*, Company Law in the European Union: Harmonization or Subsidiarity, 1998. 一般的に参照されるものとしては、このほか、*Timmermann*, Subsidiarität und Föderalismus in der Europäischen Union, 1998がある。

(37) *Kirchhof*(前注(35)), S. 968.

第三章　中央集権的立法

立法権限が複数ある、その他の場合と同様に、ヨーロッパ連合でも提起されている問題は、会社法・企業法の立法権限をどのように配分するのが最善かという点である。

第一節　伝統的試みとその狙い

アメリカ合衆国におけるのとは異なり、ヨーロッパ共同体では当初から、ルールを与えることによって会社法を調整するという「上からの」指示が――直接に規則を通じてであれ、間接に指令によってであれ[38]――行われていた。そうした法調整措置の一部はすでに実現されており、また一部は提案や草案の段階にある。しかしながら、そうした措置はみる者の立場に応じて感銘を与えたり、不安を与えたりしている[39]。現に発効している法調整措置の具体的実施はヨーロッパ共同体条約で制度上も保障されている[40]。ヨーロッパ裁判所は、統合に好意的な態度を示した裁判例を通してそれらの実施可能性をさらに拡大し、強化してきた。それでも、当初の目標である加盟諸国会社法のヨーロッパ化は今のところまだごく一部でしか達成されていない。加盟国の多くは会社法のヨーロッパ化に対して予想通り拒絶的態度を採っている。その度合いが特に強くなっているのは、大規模公開会社および資本市場を必要とする資本会社の組織・構成が問題となっている場合（見出し語：会社の構成に関する指令とヨーロッパ株式会社規則）や、第三者

（投資者）の利益の顧慮が問題となっている場合である。このほか、われわれの経験によると、ヨーロッパ連合では、コンセンサスがほとんど得られないとか、それ以上にまったく得られないような規律対象さえある。たとえば、企業の共同決定やコンツェルン法がそうである。コンセンサスが得られないテーマについては、何度も先送りされたり、疑問を残しながらも（事情によっては同等性を欠いた）加盟国への投票権付与を容認したり、合意可能な最低限度の共通部分まで基準を引き下げたり、そのテーマと機能的・実質的に関連する題材にはまったく手を付けなかったり、さらにそれ以上に法調整の努力を全面的に放棄したりするものさえもある。

第二節　新しい試み

加盟諸国に対して株式会社の内部事項に関する自国内のルールを相互に調整するようにさせるのが難しいという点は、すでに一九七〇年代から明らかになっていた。このため、ヨーロッパ共同体委員会は、相当長い時間をかけて、企業経営や企業（経営者）監督に対する規律を資本市場の観点から行おうと試みてきた。資本市場は必ずしも相互に調整された会社法的組織構成を前提としているわけではない。資本市場では、むしろ、会社の組織・構成は容易に変動するものとして取り扱われてきている。(41) しかし、比較法が教えるところによると、資本市場は、会社内部の監督メカニズムに追加され、補充されることはできるが、会社内部のメカニズムにとって代わることはできない。(42) 資本市場が会社の行動に及ぼす影響は、どのみち、大規模公開会社だけに限られている。というのは、公開会社の債券は取引所で売買され得るし、各種計算書の作成状況も最良であり、会計監査や企業開示が行われているからである(43)——もっとも、それも引受市場が活発なときだけでしかない。

(38) ヨーロッパ連合におけるその他の法的活動、たとえば、裁判（ヨーロッパ共同体条約第二四九条第四項）、勧告および態度表明（同条第五項）は、ヨーロッパ会社法および企業法では伝統的に重要ではない。

(39) ヨーロッパ会社法の発展過程と現状について参照されるのは、*Edwards*, EC Company Law, 1999; *Habersack*, Europäisches Gesellschaftsrecht, 1999; *Lutter*, Europäisches Unternehmensrecht, 4. Aufl. 1996, S. 3-97; *Schwarz*, Europäisches Gesellschaftsrecht, 2000である。

(40) *Ebke*, Les techniques contentieuses d'application du droit des Communautés européennes, Rev. trim. dr. europ. 22 (1986) 209; *Steinhauer*, Die Auslegung, Kontrolle und Durchsetzung mitgliedstaatlicher Pflichten im Recht des Internationalen Währungsfonds und der Europäischen Gemeinschaft, 1997.

(41) *Köndgen*, Die Relevanz der ökonomischen Theorie der Unternehmung für rechtswissenschaftliche Fragestellungen-ein Problemkatalog, in: *Ott/Schäfer* (Hrsg.), Ökonomische Analyse des Unternehmensrechts, 1993, S. 128, 138.

(42) *Ebke*（前注(24)）, S. 28.

(43) 企業開示についての基本文献は、*Merkt*, Grundlagen und Zusammenhänge der Unternehmenspublizität, 2001である。資本市場での情報効率について参照されるのは、*Sapusek*, Informationseffizienz auf Kapitalmärkten, 1998である。

第四章　中央集権的立法に対する抵抗

ヨーロッパ連合では、これまでの間に、ブリュッセルにある同委員会で決めた基準をそのままルールとして適用させようとする事態の増加に対して、抵抗が強まっている。「上からの」中央集権的立法に代えて、法学者や経済学者の見方は、分権的立法とその結果生じる「法秩序間の競争」こそ優先に値するという方向にますます傾いているようにみえる。このことが特にあてはまるのが会社法の分野である。[44]

第一節　法秩序間の競争

会社法の分野で分権的立法に賛成する者の見解によれば、アメリカ合衆国で五〇を超える数の会社法秩序の並存が示すように、会社法の多様性が加盟国間で根本的に据え置かれかつ会社法の継続形成が（ヨーロッパ裁判所の判例に基礎を置くが、抵触法上まだ始まっていない）「法秩序間の競争」に委ねられる場合でさえも、大規模域内市場は機能し得るものと考えられている。「中央集権的」立法者たるヨーロッパ連合が法の発展に介入できる機会は、分権的立法に賛成する者の見方では、次の場合に限定されている。すなわち、会社法的な規律・形成可能性に関して市場がうまく働かないことによって保護すべき者や利益に不都合が生じるとき、必要な市場の網の目がまだ熟成していないとき、資本市場が域内全般に亘るルールを求めているとき、これらがそうである。資本会社の組織・構成に関する加盟国の法が調整されないままに多様性が残ることでシナジー（相乗）効果が生じないという点は、我慢されなければならない。それは、分権的立法こそ、それぞれの地方や地域の具体的必要性をより良く顧慮することができ、分権型ルールに変わる諸関係に、中央集権的に「上から」設けられたルールよりもずっと容易に、適応できるものだからである。ヨーロッパ連合では、資本会社に関する分権的立法がすでに補充性原則（ヨーロッパ共同体条約第五条）および限定的権限配分原則により定められている。分権的な会社法立法では、それ以上に、ヨーロッパ連合に加入しようとする意思を持っているヨーロッパの中部・南東部の諸国に対しても、ヨーロッパ連合の将来の会社法をともに形成する機会が与えられることとなろう(45)。

第二節　発見手続としての市場

しかしながら、なお残る問題は、分権的立法が大規模資本会社の法的（内部的および外部的）操作がもたらす重要な諸問題を克服できるか否かという点である。[46] 確かに、立法および判例には、立法権限が複数ある場合に機能的に同価値の規律を任意の根拠に基づいて「下から」も発展させることができるという点についての証拠として援用できるような多くの例がある。おそらくその最も著名な例は、フランスで制定法上（随意選択的な）二元制企業経営システムが導入されたこと[47]と、ドイツで連邦通常裁判所のホルツミュラー事件判決[48]で株主代表訴訟を提起する権利が広く認められるようになったことであろう。先頃ドイツで発効した、企業分野の監督および透明性確保に関する法、[49] 端株の許容性に関する法、[50] 会計監査会社に関する「同業者の相互評価」制度の導入、[51] これらも、加盟国の立法者が、国内の一部に強力な抵抗があったのに、国際資本市場の圧力に基づき、また、他の加盟国法秩序における法の発展を顧慮して、自国法を調整する用意を整え、中央集権的立法者の行動を待っているわけではないという点でのさらなる例を示している。[52] それでも、法律家は、ある日突然に「会社法・企業法の規律に関する市場」で「最善の」解決策が行われるということだけを当てにしていてはならない。というのは、何といっても、利益衝突をどのように解決すべきかという重要な問題が残されているし、利益衝突は持分所有者対経営者、大株主対少数株主といった関係でも現れているからである。そのほか、危険にさらされているのがヨーロッパ共同体条約第四四条第二項g号の意味での第三者（投資者）の保護利益である[53]——会社全体における支配力のバランスをどう保つか、税務および納税用貸借対照表を考えるときに会社法がどのような意味を持つかといった問題の重要性も、いうまでもない。法は立法者間での競争の結果である。そのため、法の内容はどうしても状況に応じたものとなり、体系的なものにはなっていない。それゆえ、法秩序間の競争によってもたらされた調和も統合も、それ自体、長い目でみると、必ずしも少ないコストで効率的に得られた結果とはなっていない。

競争が良いという考えに凝り固まっている規律モデルには、このほかにも、危険な面がある。それは、こうした考えでは、さまざまな制度の現実、政治的判断過程および市場メカニズム、ならびに、市場参加者の行動様式、これらが絡み合っている複雑な姿をうまく捉えることができないという点である（この点は、逆に、制度主義者が中央集権的立法の短所を時として軽く見過ぎるのと同様である）。特に、分権的立法者が自己の利益を追求する上で、つねに共同体全体の利益を考え、他の者にコストを負わせないというような事態は、日常生活ではおよそ考えられないほど浮世離れのしたことであろう。共同体に対する忠誠心は、実際のところ、時としてなお芳しいものではない。ここでは、有限責任合資会社という会社形態がヨーロッパ連合企業会計法指令上計算書作成義務を負う主体に含まれるかどうかという論点を挙げるにとどめよう。長らく続いた議論の中で初めて明るさをもたらすことができたのは、ブリュッセルの補充指令提案[54]であった。ヨーロッパ法上本拠地法説が認められ、それにより、企業の準拠法選択の自由がヨーロッパ法上の差別禁止・制限禁止のもとで阻止される限り、ドイツ連邦共和国のような国が企業の共同決定と手を切るということも、ほとんど考えられない[55]。

加盟諸国の国内利益の保護（たとえば、中産階級や労働者の保護）が問題にならないような場合でさえも、それだけですぐに、同じ価値を持つ複数の関係がひとつの競争秩序の中で作り上げられるという事態が保障されているわけではない。ヨーロッパ共同体の企業開示指令がなかったならば、たとえば、連合王国で権限踰越理論が放棄されることも、おそらくほとんど考えられなかったであろう[56]。ほかにも思い起こされるのは、アメリカ合衆国のどの州も私法上の会社に対して決算書作成義務・開示義務[57]を課しておらず、外部の独立した公認会計士による年度末会計監査義務[58]も課していないという点である。ヨーロッパ連合でこれに付加されるのは、歴史的背景のもとで発達してきた種々の規制哲学ともいうべきもの[59]、憲法上の諸基準、相異なる法律用語[60]、そして法曹教育における相違[61]である。これらにより、「下からの」調整は一層難しくなってきている。

(44) ヨーロッパ連合における「会社法秩序および企業法秩序間での競争」について参照されるのは、*Ebke*（前注（7））, S. 207-213 ; *Dreher,* Wettbewerb oder Vereinheitlichung der Rechtsordnungen in Europa, JZ 1999, 105 ; *Kieninger,* Niederlassungsfreiheit als Rechtswahlfreiheit, ZGR 1999, 724 ; *Kübler,* Rechtsbildung durch Gesetzgebungswettbewerb ? Überlegungen zur Angleichung und Entwicklung des Gesellschaftsrechts in der Europäischen Gemeinschaft, KritVjschr 77 (1994) 79 ; *Merkt,* Das Europäische Gesellschaftsrecht und die Idee des "Wettbewerbs der Gesetzgeber", RabelsZ 59 (1995) 545 ; *Reher*（前注（1））, S. 132-154 ; *Reich,* Competition Between Legal Orders : A New Paradigma of EC Law ?, C.M.L. Rev. 29 (1992) 861 ; von *Wilmowsky,* Gesellschafts- und Kapitalmarktrecht in einem gemeinsamen Markt, RabelsZ 56 (1992) 521 である。

(45) 参照されるのは、*Ebke*（前注（7））, S. 197-200. である。

(46) *Großfeld/Ebke,* Probleme der Unternehmensverfassung in rechtshistorischer und rechtsvergleichender Sicht, AG 1977, 57 und 92 ; *dies.,* Controlling the Modern Corporation : A Comparative View of Corporate Power in the United States and Europe, Am. J. Comp. L. 26 (1978) 397.

(47) 細目について参照されるのは、たとえば、*Mercadal/Janin,* Societés Commerciales, 1992, S. 458-490 である。

(48) BGH 25. 2. 1982, BGHZ 83, 122.　この裁判例について参照されるのは、*Großfeld/Brondics,* Die Aktionärsklage-nun auch im deutschen Recht, JZ 1982, 589 ; *Becker,* Verwaltungskontrolle durch Gesellschafterrechte, 1997, S. 598-623 ; *Abeltshauser,* Leitungshaftung im Kapitalgesellschaftsrecht, 1998, S. 429-430 である。判例による法の調整について一般的に参照されるのは、*Luig, Padoa-Schioppa, Ranieri, Kronke, Rainer, Pozzo und Everling* が「判例による法の統一」会議で行った報告であり、これらを収録しているのが ZEuP 5 (1997) 698 である。ホルツミュラー判決の、子会社の取引所で

の売買資格（*Initial Public Offering-IPO*）の適用範囲について参照されるのは、*Ebke,* Wenn Tochtergesellschaften an die Börse gehen, Frankfurter Allgemeine Zeitung Nr. 101, 2. 5. 2001, S. 50 である。

（49） BGBl. 1998 I 786.

（50） BGBl. 1998 I 590.

（51） *Ebke,* in : Münchener Kommentar zum HGB, Bd. 4, 2001, Vor § 316 Rz. 20.

（52） 市場の役割について参照されるのは、*Ebke,* Märkte machen Recht - auch Gesellschafts- und Unternehmensrecht, in : Festschrift Lutter, 2000, S. 17 である。

（53） *Ebke*（前注（7））, S. 236. 株主・投資者間に生じる諸問題について参照されるのはたとえば、*Plender,* A Stake in the Future-The Stakeholding Solution, 1997 である。アメリカ合衆国の視点からみたものとしてはたとえば、*Bainbridge,* Interpreting Nonshareholder Constituency Statutes, Pepperdine L.Rev. 19 (1992) 971 ; *Karmel,* Implications of the Stakeholder Model, Geo. Wash. L. Rev. 61 (1993) 1156 がある。

（54） *Lutter*（前注（39））, S. 143-144 ; *Behrens*（前注（4））, S. 843-845.

（55） この問題の最近の状況については、*Ebke, Centros* - Some Realities and Some Mysteries, Am. J. Comp. L. 48 (2000) 623.

（56） *Behrens*（前注（4））, S. 837.

（57） *Siegel,* Harmonization and Change in Accounting Principles : A Comment on Some Important Changes in United States Accounting, in : *Schruff* (Hrsg.), Bilanzrecht unter dem Einfluß internationaler Reformzwänge, 1996, S. 97, 101. これと対比されるのは、Sec. 16.20 RMBCA (“financial statements for shareholders”) である。

（58） *Ebke,* Risikoeinschätzung und Haftung des Wirtschaftsprüfers und vereidigten Buchprüfers-international, WPK-Mitt. Sonderheft April 1996, 17, 21.

（59） 手引となるものとして、*Dine,* Company Law Developments in the European Union and the United Kingdom : Confronting Diversity, SALJ/TSAR 1998, 245 ; *Wedderburn of Charlton,* Companies and Employees : Common Law or Social Dimension ?, L.Q.R. 109 (1993) 220 ; *Pettet,* The Stirring of Corporate Social Conscience : From “Cakes and Ale” to Community Programmes, Current Legal Problems 50 (1997) 279.

（60） 言葉と法との関係についての基本文献として、*Großfeld,* Sprache und Recht, JZ 1984, 1 ; *ders.,* Unsere Sprache : Die Sicht des Juristen, 1990 がある。

(61) これについて参照されるのは、*De Witte / Forder* (Hrsg.), The Common Law of Europe and the Future of Legal Education, 1992 である。

第五章　二元制システム賛成論

会社法・企業法の目標として、立法権限が複数ある場合に企業活動を規制する同価値の大枠条件を複数、それも無差別かつ不適法な制限を加えずに設定することを掲げようとすれば、資本会社制度に対する分権的規律と中央集権的規律という二元制モデルが採用されるべきである。このモデルでは、資本会社の規模のほか、会社が組織された市場で債券を発行していたか否かも顧慮されている。このようなモデルでは、株式会社の内部事項の規律は広範に亘って構成国の立法者に委ねられるべきであろう。資本市場、そしてそれとともに、企業監督・企業経営者監督に関する市場は、これに対して、まずもって中央集権的に規律されている。中央集権的に規律される領域には、少なくとも次に掲げるものを入れるべきである。すなわち、投資者保護、第一次および第二次の有価証券取引、企業経営者（マネージャー）および監査機関の注意義務・忠実義務・その他資本市場関連の行動義務、ならびに、その民事法上の責任、インサイダー取引、各種計算書の作成、企業開示および年度末会計監査、ならびに、企業買収の申込、これらである。このような二元的規律モデルは比較法的にもみることができる。

第六章　立法者によるルール形成の選択肢

資本会社の内部事項に対する分権的規律に賛成しても、そうだからといって、加盟諸国で設けられたルールが立法者間の無制限の競争にさらされるべきだということを意味しない。むしろ逆に、「会社法に関する市場」での競争を機能させる上で決定的なルールは、競争を強め、同時に、会社法秩序が歪められたり「破壊」されたりすることなく互いに競争できるようなかたちでその対外的側面を緩和するようなルールである。もしそうでないとすれば、多くの加盟国は自国固有の法秩序・価値秩序を保護するため、国際会社法上の本拠地法説に固執し、それをもって、第一次の移転の自由を阻止することであろう。競争の歪みは、資本会社の内部事項に関する機能上同価値のルールを通じて、最も容易に回避することができる。これまでの経験が示すように、ヨーロッパ連合で立法者が行っている加盟諸国会社法の調整はすぐに限界に突き当たる。こうした認識からすぐ分かるように、立法者による上からの法調整を行う場合にも、別の選択肢の出現が期待されている。

第一節　民間アクター

モデル法とリステイトメントに関するアメリカ合衆国での経験に目を向けた比較法学者がずっと以前から問題としてきたのは、なぜ、ヨーロッパ連合は会社法・企業法の調整にあたって民間諸機関に依拠する度合いがそれほど強くないのかという点であった。民間アクターに依存することは、少なくとも、ヨーロッパ連合における立法活動の準備に関していえば、われわれにとって決して未知のことではないからである。たとえば、ランド委員会による「ヨーロッパ契約法の諸原則」が証明しているように、ヨーロッパ契約法創設のために出された、カラット度数の高い宝石のように上質で均衡がとれ、コンセンサスを得る可能性の高い諸提案が民間人から出される可能性がある。(62) 会社法・企業法の領域では、たとえば、ダヴィニョン専門家グループが一九九七年五月の「ヨーロッパにおける労働者関連事項のシステム」に関わる報告書で、注目に値する提案を行っていた。(63) アーンスト&ヤングは一九九五年一二月に株式会社の組織構成に関して指標となるような研究を提示していた。(64) 国際会計基準委員会が国際的活動を行う取引所で通用する各種決算書作成上の諸原則を設定しかつ承認するよう求めて行ってきたさまざまな努力も、法の形成や調整を行う勢力の中に、ルール形成上民間機関から叩き台が出されるものがあるという点についての、さらなる証拠となろう。(65) このほかにも、国際会計基準委員会の仕事が示しているように、民間の機関は往々にして立法者や大きな官僚機構よりもずっと速く、資本市場の挑戦に対応することができる。

第二節　ヨーロッパ法律協会

ヨーロッパ連合内での加盟諸国会社法の調整をめぐるヨーロッパ連合委員会と多数の加盟国が行ってきた努力を全面的に尊重すると、モデル法では大規模で用意周到な比較法的研究が行われているために、モデル法の利用という手続を考えることが最も将来性に富んだものであるように著者には思われる。(66) アメリカ合衆国のモデル法に関する経験が教えるように、モデル法を受け入れるかどうかの基準は、モデル法の起草者たちに専門能力に優れた資質と独立性があるかどうかである。このために必要な制度的諸条件を最も容易に設けることができるのは、ヨーロッパ法律協会であろう。ヨーロッパ法律協会は少なくとも人的構成と手続に関してはアメリカ法律協会という手本に倣うことができる。アメリカ法律協会の課題が歴史的に見ると第一に制定法改正でもなければ法の調整でもなく、コモンローの中核的領域を法典に類似した「リステイトメント」という形で把握することであったとしても、この点に変わりはない。(67) モデル法とリステイトメントの形成手続、その起草者の能力と独立性、これらがいかに重要かという点を明らかに示しているのがアメリカ法律協会のコーポレート・ガヴァナンスに関する諸原則の場合である。この諸原則は長期間に亘る、そして一部では激しい論議の末に一九九四年に成立したものである。(68) コーポレート・ガヴァナンスに関する諸原則で把握されているのは、会社の構成と会社の機関、企業経営者の注意義務と忠実義務（ビジネス上の判断ルールを含む）、各種の利益衝突、監督行為の移転、企業買収の際の取締役・持分所有者の役割、株主代表訴訟およびその他の損害賠償請求訴訟、ならびに、持分所有者の買取請求、これらである。

第三節　見直し

立法者が「上から」基準を与えるという伝統的な法調整方法にとらわれている学者、実務家、政治家および立法者は、誰でも、ヨーロッパ法律協会がモデル法を形成する機が熟したという主張を認めないであろう。彼らは、ヨーロッパ共同体加盟諸国の立法者が民間で発達した立法的成果を任意に取り入れる用意をすることに対しても疑念を持つであろう。ヨーロッパ連合加盟諸国の立法者を行動に駆り立てる目的で、経済的または政治的な強制が、そしてまた、共同体および他の加盟諸国に対する忠誠心という観点への言及があまりに強まることにも、彼らは反対するであろう。

さらに、彼らは、ヨーロッパ連合にはまだ十分に首尾一貫した会社法的・企業法的な諸原則がないという点にも賛成するであろう。というのは、そうした原則があれば、そこから、株式会社の組織・構成に関するモデル法を発展させることができるはずだからである。彼らは、多数の国により、したがって多数の法文化によって構成されたヨーロッパ法律協会の活動から生まれる会社法・企業法的なルールが果たしてコンセンサスを得られるのかという点にも疑いを持っている。けれども、これらの異議は、綿密な比較法と法史研究により、会社法・企業法におけるヨーロッパ共通の根源を発掘し、その根源から真にヨーロッパ的な会社法・企業法（これは、加盟諸国の会社法・企業法の総和以上のものである）の諸原則を発展させようとする試みに対して、なんら反対する論拠ではなく、むしろ逆にこの試みに本来的に賛成する理由となっている。

アメリカ合衆国でも、法の共通の根源を解明するときの出発状況は同様に困難なものであった。その作業にあたり、アメリカ法協会のリステイトメント起草者たちは多くの共通点に遭遇したが、同時に不可避の相違点および不一致にも突き当たった。橋渡しのできない相違がある場合、起草者は、支配的見解と異説のどちらを採るべきか判断しなければならなかった。アメリカ法律協会、全米州法統一担当者会議およびアメリカ法曹協会は、モデル法を練り上げたり改正したりする際にこうした判断をしなければならなかったし、今でもそうしなければならない立場にある。多数の解決策の中で判断を下すことは法律家にとって難しいことではない。けだし、そうした判断は法律家の日常のパンともいうべき、ありふれたことだからである。判断できないような場合、モデル法では極端に異なる複数の規定が――「より良い」解決策が長期間に亘って実施されるようにという希望を込めて――選択肢として並列的に提示されてきた。個別具体的事案での裁判とともに、モデル法の起草者も当たり前のようにいろいろな方向性を示している。ここでは、アメリカ合衆国における無額面株式の導入、最低資本金の廃止、企業合同の際の少数株主に対する現金補償の許容性、そして、「権限踰越」理論の骨抜き、これらの例を考えるだけで足りよう。会社法はアメリカ合衆国でもヨーロッパ連合でも固定したものではない。法は変化と成長のうちにある。成長と変化がみられるのは会社法が企業法へと発展する過程においてである。成長と変化の現れは、ヨーロッパ連合内での国境の廃止、経済と資本市場のグローバル化、比較法と法の経済分析、これらから必然的に明らかになろう。

第四節　研究と協力

経済のヨーロッパ化およびグローバル化の結果、われわれの会社法・企業法・資本市場法に変化がみられるという点について、われわれがヨーロッパ連合内部で得ている比較法的認識は、これまでのところ、それほど多いものではない。これに相当することは、会社法分野でのヨーロッパ共通の根源についてもあてはまる。コーポレート・ガヴァナンスの諸問題に関する学際的な認識水準も、ヨーロッパ連合では同様にまだ比較的低いままである(69)。コーポレート・ガヴァナンスの分野の研究はこれまでのところ圧倒的にアメリカ合衆国で学際的に行われてきた。こうした状況は変わらなければならないし、変わることであろう。次の世紀は、この点は確実であるが、――会社法・企業法・資本市場法の分野でも、そしてまさしくこれらの分野でこそ――比較法の世紀、そして学際的研究の世紀となろう。

第五節　モデル法の受入れ

もとより今日でも未解決の問題は、ヨーロッパ連合加盟諸国の立法者が資本会社の構成・組織に関するモデル法を受け入れるか否か、この種の立法的成果を（全面的または部分的に）取り入れるか否かである。しかしながら、経済的考慮、実践的な心配り、忠誠心という観点、これらがヨーロッパ連合加盟諸国の立法者を、すでにこれまでも、自国法を任意に変更し、法の発展に適応するように、動かしてきた。こうした用意は、ヨーロッパ法律協会が資本会社の組織・構成に関するルールをモデル法化し、加盟諸国の立法がモデル法を採用するチャンスを与える契機としては、十分なものであろう。それでも、モデル法は、多数の法秩序が併存する場合、法の統一ではなく、機能的に同価値のルールの創設でしかない。この目標を転換するには、ヨーロッパ連合でも、アメリカ合衆国におけるのと同様に、かなりの時間を必要とする。しかし、モデル法の採用が容易であればあるほど、ますます、指令や規則という形を取って中央集権的に上からルールを与えるという伝統的な法調整方法が採用される可能性は薄まることとなろう。モデル法がコンセンサスを得る可能性を高めるには、そうしたモデルで規律されるべき対象を狭義の会社法に限定し、多くのヨーロッパ連合加盟国で遭遇する主題、それも社会的課題とその他の保護機能を有する会社法上の主題にとどめることが、特に必要であろう。いずれにせよ、必要な場合には中央集権的に設けることのできる特別法によって、このような課題をより良く果たすことができよう。

第六節　立法者の責任

著者がモデル法の受入れに特に賛成する理由は、モデル法の採用を認めてもヨーロッパ連合自体および加盟諸国立法者の立法責任および立法権限が揺さぶられる恐れはないと考えるからである。他方で、このようなモデル法には、ヨーロッパ連合加盟諸国およびヨーロッパ連合委員会の立法者に対して、はっきりと自覚を促す点もある。それは、立法者は、差別のない会社法・企業法——これにより、ヨーロッパ法上保障されている自由に対する不適法な制限が除去される——を創設する立法者としての責任を怠ってはならないという点である。モデル法は、立法者としての責任を果たすよう加盟諸国を手助けすることができる。モデル法に基づきかつモデル法を尺度として任意に国内で立法することは、望ましくない副作用さえもたらすことがない——これはあたかも、ヨーロッパ的規模での立法の結果、国内法が化石化（無力化）するようなものである[70]。それゆえ、立法者はつねに自国法の主人であり続け、新しい認識を自国法に置き換え、さまざまな発展に対応することができるのであって、ブリュッセルから来る基準を待たなければならないわけではない。統合に好意的な加盟諸国は、超国家的に同調性を持つ、学問的・実務的専門知識から生まれたモデルに基づきかつこのモデルを尺度として任意に自国法を継続発展させることができるし、統合に好意的でない加盟諸国の動きを顧慮しなければならないことはない。統合に好意的でない加盟諸国が他の加盟諸国でみられた発展を自国では長い間密閉した状況に置こうとするか否かは、結局、忠誠心、経済的思慮分別、そして実利的行動、これらの問題となろう。

（62） 私法のヨーロッパ化について参照される文献を限定的に挙げれば、*Kötz*, Europäisches Vertragsrecht, 1996; *Kramer*, Die Europäisierung des Privatrechts, 2001; *Hübner*, Europäisierung des Privatrechts, in: Festschrift Großfeld, 1999, S. 471; *Sonnenberger*, Der Ruf unserer Zeit nach einer europäischen Ordnung des Zivilrechts, JZ 1998, 982がある。

（63） これについて参照されるのは、*Hopt*（前注（5））, S. 100-101.

（64） これについて参照されるのは、*Hopt*（前注（5））, S. 101.

（65） *Ebke*（前注（7））, S. 239. その背景について参照されるのは、*Ebke*, Accounting, Auditing and Global Capital Markets, in: *Baums/Hopt/Horn* (Hrsg.), Corporations, Capital Markets and Business in the Law, Liber Amicorum Richard M. Buxbaum, 2000, S. 113である。

(66) これについて立ち入ったものとして、*Ebke*（前注（21））, S. 189-217；これに賛成するものとして、*Kramer*（前注（62））, S. 24；*Schmid*, Desintegration und Neuordnungsperspektiven im europäischen Privatrecht: Plädoyer für ein Europäisches Rechtsinstitut und für 'Restatements' über europäisches Recht, JbJungerZivilRWiss 1999, 33, 54-63. ヨーロッパ私法について参照されるのは、*Kieninger/Leible*, Plädoyer für einen "Europäischen wissenschaftlichen Ausschuß für Privatrecht", EuZW 1999, 37 の提案である。

(67) *Ebke*（前注（21））, S. 204-206. アメリカ法律協会は法をリステイトメント形式で体系的に把握するだけにとどまらず、それ以上の役割を果たすものとなっている：*Ebke*（前注（21））, S. 209-210；*Schindler*, Die Restatements und ihre Bedeutung für das amerikanische Privatrecht, ZEuP 1998, 277.

(68) *Ebke*（前注（21））, S. 206-207.

(69) なお、参照されるのは、*H. Fleischer*, Grundfragen der ökonomischen Theorie im Gesellschafts- und Kapitalmarktrecht, ZGR 2001, 1 である。

(70) これについて参照されるのは、*Tunc*, Corporate Law, in: *Buxbaum/Hertig/Hirsch/Hopt* (Hrsg.), European Business Law, 1991, S. 199, 200-202 である。

第七章　むすび

立法権限が複数ある場合の立法の歴史をみると、摩擦を伴わず機械的になされる試みはまったく存在しないことが分かる。立法権限が複数ある場合の立法権限の配分および行使をどうすべきかという点についてのこれまでの展開は、どれも、速度、集中度、そして方向性の点で異なっている。他の法分野がそうであるように、立法権限が複数ある場合の資本会社の内部関係および外部関係の規律も、分権的で競争関係のある形態と中央集権的で独占的に前もってルールを与えるやり方とは、そして自由と平等とは、互いに緊張関係にある。分権的で競争的な規律が考えられているときは、民間のモデル法が、会社法・企業法のルールに関する市場で競争の歪みを一定の条件のもとで阻止することができる。ヨーロッパ法律協会のモデル法も、実務、学理および政治の見方も、ヨーロッパ連合では――アメリカ合衆国でも同様であるが――単一のゾーンで加盟国法が互いに遭遇し、抵触するという状態から逃れることはできない。この種の加盟諸国法の抵触は、統合に参加する者が、ヨーロッパ連合という法共同体・価値共同体が有する共通利益をどう実現すべきかという点を忘れない限り、なんら異常なことでもなく、マイナスのことでもない。

［訳者注記］
右の本文中（五九頁）で触れられたヨーロッパ株式会社規則は、二〇〇一年一〇月八日にルクセンブルクで開催された雇用社会問題担当相理事会で承認され、ヨーロッパ会社法として成立した（日本経済新聞二〇〇一年一〇月九日夕刊三面）。この法は、加盟諸国がヨーロッパ連合法に合わせて国内法を改正した上で、二〇〇四年に施行される予定である。

質疑応答

―― 先生が想定されている「モデル法」は、ＵＮＣＩＴＲＡＬ（国連国際商取引法委員会）で作成された国際商事仲裁モデル法のようなものと同じものですか。ＵＮＣＩＴＲＡＬは各国政府の代表により構成されているので、そのモデル法にはそれなりの拘束力があると考えられますが、先生のいわれるモデル法はそれらとは違うもののように思われます。法の統一という視点を重視すると、諸国の代表による統一立法よりもモデル法の作成の方が妥協を得やすいからという点に、モデル法形式を利用する意味があるということでしょうか。

その通りです。われわれの念頭にあるのは規範の調整です。その良い例はアメリカ合衆国で採用されている各種のモデル法です。むろん、ヨーロッパとアメリカ合衆国とでは立法制度が違います。アメリカ合衆国は連邦国家であり、州の権限に属する事項については各州に固有の立法権限があるといっても、アメリカ合衆国全体がひとつの国家としてまとまっています。これに対して、ヨーロッパという地域はまだひとつの国家としてまとまっているわけではありません。したがって、ヨーロッパでは、どのような立法哲学を採用するかという点がまず先決的な問題になります。たとえば、複数の法秩序間にある同一性を重視するか、それとも異質性を残すことを重視するかといった点です。統一法形成を優先して、妥協しやすさを重視すると、出来上がった統一法の拘束力は相対的に弱くなってしまいます。このような場合には、結局、規範を調整できないのではないかといった問題性も指摘されています。

――モデル法を作る場合でも、ＥＵ加盟国の間で利害が対立するので、モデル法の起草者となるメンバーを加盟国間でどのように配分すべきかという点も問題になるのではありませんか。

わたくしがモデル法の作成にあたる組織として考えているヨーロッパ法律協会は純粋の民間組織なので、加盟国の間で、起草者の人数をどのように配分するかが直接に問題になることはありません。わたくしがメンバーとして考えているのは優れた研究者の方々であって、各国の代表者や政治的権力者がそのままメンバーになることは考えておりません。たとえば、先に触れたアメリカ法律協会のメンバーは約二四〇〇人もおり、その中にはドイツ、イギリス、フランス出身の専門家も含まれています。この研究所ではいくつもの作業部会が設けられています。会社法、商事法、民事訴訟法、商事仲裁などについての作業部会がその例です。この法律協会ではメンバーの出身国の法制に拘束されずに、世界的な視野のもとに草案が作られます。決して各国の法制度を全部足して混ぜ合わせるようなやり方ではありません。多くの部会は、学者三名、裁判官出身者一名、弁護士一名の計五名から構成されており、五人全員の主体的な意見を組み入れたかたちで草案が作成されています。どの草案についても全体で合意するにはいろいろな方法があります。日本では妥協と多数決によるコンセンサス方式が採られているようですね。アメリカ法律協会の場合、各草案はそれぞれの作業部会の内部ではコンセンサスにより、全体では多数決で承認されています。

ＥＵの発足から数えると、今日ではもう約五〇年が経っています。それに比して、会社法の調整をめぐる歩みは決して芳しいものではありません。われわれは、これから一〇年くらい先までに達成できるような中期的成果を段階的に提案していこうと思っています。われわれの提案を採用するか否かは、各国立法者の自由です。加盟諸国の立法者がわれわれのモデル法を採用することでヨーロッパの法が部分的であれ、さらに統一されることになるか、それとも採用を拒否することで統一が停滞することになるのか、それはまだわかりません。

――どのような組織もある程度の活動が実を結ぶようになるには、そうした組織自体が関係者によって受け入れられなければならないと思います。今考えられているヨーロッパ法律協会を推進しようとしているのはどのような人たちですか。

現在検討中のこのヨーロッパ法律協会には、むろん賛否両論があります。

反対意見の第一は加盟諸国から寄せられるものです。国内法があるのだからそれで十分であり、それ以上、統一法は要らないという主張です。下手に統一法などが作られたら困るという理由で、加盟国が犠牲になることに反対するのです。第二に、ＥＵ委員会からも反対意見が出ています。それは、彼らが法調整の権限を独占したいと考えているからです。ＥＵにも官僚主義的思考があるからです。第三に、数が少ないとはいえ、各国の比較法研究所も反対意見を寄せるかもしれません。それは、自分の研究テーマを守りたいと考えている人たちもいるからです。

これに対して、ヨーロッパ法律協会によるモデル法の作成に賛成する意見もあります。第一にＥＵ議会、第二に国内の産業団体、そして第三に学者の団体が挙げられます。今度のヨーロッパ法曹大会では、会社法に関するテーマを追加することが決まっています。

時代はいつも刻々と変化しています。国内法も国際法も時代の変化をそのつど反映させていかなければなりません。そうしないと、法は時代遅れのものになるからです。社会のそれぞれの部署で働いているプレーヤーが時代の流れに対応した新しい法を選択できるようにするためにも、立法活動に携わる主体を狭く限定すべきではありません。国際的な規模での研究活動を通じて、立法者や市民が採用できるような選択肢を提案し続けることが私たち研究者の社会的な責任です。法の統一はＵＮＣＩＴＲＡＬでも進められていますが、ＵＮＣＩＴＲＡＬによる立法活動の問題点は、各国政府の代表者が参加しているという点にあります。ＥＵ会社法は多くの指令を通じて統一されているという長所も持っています。あらゆる方法を利用しながら、加盟国間にある共通点を確認し合い、ひとつの統一法にまとめあげることが大切だと思います。

――ＥＵ条約に参加している諸国の抵触法は今後改正されることになりますか。

ＥＵでは指令により商法の調整が段階的に進められてきました。目的外の行為の可否に関するものや資本に関するものなど、すでに調整が行われた分野もあります。しかし、会社の内部構成に関する法についての調整作業は依然として進んでいません。たとえ指令がすでに存在する事項であっても、加盟国でそうした指令が採択されない限り、抵触法的規律の余地は残されています。そこで、抵触法の調整が必要となりますが、加盟国の抵触法は、現行の抵触法に不都合が出てこない限り、改正されません。もっとも、抵触法の調整も部分的にはすでに行われています。たとえば、一九八〇年の契約債務準拠法に関するローマ条約などがそうです。しかし、会社法の分野では、そうした抵触法上の調整はみられません。統一実質法の形成に先だって、まずは抵触法の調整という方法を考えるのもいいでしょう。その場合には、設立準拠法説を採る国に対する関係と、本拠地法説を採る国に対する関係とを分けて別々にヨーロッパ域内のルールを調整していくのが、合意を得やすい方法だと思います。

――「民間で発達した立法的成果」（七九頁）という表現がありましたが、立法者に受け入れられるためには、どの程度「発達し」ていればよいのでしょうか。

企業会計の例を取り上げましょう。会計基準統一の問題です。これまでにも、各国にある公認会計士の団体により構成される民間の国際的機関が研究を行い、統一基準を作ってきています。民間機関が中心となって統一基準を作るのは、国家などの公的機関により基準を作ろうとすると、国家利益の衝突によりいつも調整不能な難問に直面し、政治的リスクも伴うからです。国の代表よりもむしろ、各国の民間団体の間で統一基準を発達させれば、それが各国の政策や国内立法に対するひとつの圧力となり得るものと思われます。
こうした民間主導のやり方に対して、加盟国の政府は概して批判的です。というのも、民間主導で作った基準が国家の立法機関のそれより優先して使われるようになると、行政官庁の権限は低下していくからでしょう。この点について、EU議会の場合にはなんら問題はありません。たとえ民間主導の統一基準がEUのそれより優先されようと、EU議会には失うものが何もないからです。むしろ、統一法ができるのであればその方が望ましいと考えられています。それでは、どのようにしてモデル法が各国の立法者に受け入れられていくのでしょうか。この点を知るには、各国の政府における意思決定手段、官僚制度などの社会的システムについてみることが必要でしょう。かりにモデル法が私人間の契約書で準拠法として扱われ、その契約について国内で訴訟が提起され、それがさらにEU裁判所へ持ち込まれるようになれば、モデル法という形式自体が大きな社会的関心を呼ぶことでしょう。

——「一九九二年にエァンスト・ラーベル記念講義で提起した根本的な問題はなお残されたままである」(六〇頁)という表現に続けて、「われわれがヨーロッパ会社法・企業法においてどのくらいの統一を必要としているのか、会社法・企業法にどの程度の多様性があればわれわれはヨーロッパ域内市場で生活できるのかといった問題」があるとされています。「どのくらい」とか「どの程度」とかという量を決める判断基準は何ですか。

上からの統一という方法がどこまで通用するかという点は、各国がどこまで民主化されているかによって異なります。民主化の程度が低く、武力で強制的に立法することができる国もあれば、民主化の程度が高く、武力を用いてはとうてい立法できない国もあります。それぞれの国の立法者が自国の法制度をどのように作るかによって、この点の答えも違ったものになるでしょう。

――それでは、上記の争点について明らかにされる可能性はありますか。また、その可能性があるとすれば、その条件は何ですか。

規範の統一性と多様性をどこまで許容するか、加盟国間の多様性をどこまで調整するかという点は政治問題です。会社の従属法として本拠地法説がどこまで採用されるか、という点も同じです。この点に関する先例があっても、いかなる先例を取り上げるか、その先例をどのように解釈するかという点も各国で異なります。それぞれの国家がいかなる考えに立つかにより、規範の多様性をどの程度認めるかも決まるからです。同様にわれわれも、自分が本拠地法説に立つか、設立準拠法説に立つかにより同じ判決をみても捉え方が異なり得ます。

――規範の統一性とか多様性とかという言葉の定義が対話の当事者間で違うと問題が残るのでありませんか。

将来の実現目標としてどの程度の統一性と多様性を設定するかという点は、現実に達成された統一の度合いと必ずしも同じではありません。将来の目標は、現実に達成された統一の度合いにどれだけ満足しているかにより ます。統一性と多様性の定義が違うと問題が残るのではないかという質問の解答は、法律の解釈に関する一般論に関係します。ＥＵ法においては、ＥＵ裁判所がＥＵ法の解釈権限を持っています。このほか、法の改正や補完性の原則のように、ＥＣ条約の解釈がＥＵの政治的判断により行われることがあります。ＥＵ裁判所のほかにも、加盟国の国内裁判所がＥＵ法の解釈を行う場合もあります。このように、ＥＵ法の解釈には裁判所によるものと政治的判断によるものとが併存しています。

　ＥＵのように複数の立法権限がある場合の法の解釈の実情について、日本の方々には実感がわかないかもしれません。架空のものですが、「太平洋連合」というひとつの組織体を考えてみて下さい。加盟国は、日本、フィリピン、韓国、マレーシア、タイ、中国、これら六か国としましょう。これらの国々は、それぞれの法文化も言語も、そして当然に、会社法もまったく異なっています。それを考えれば、いかに加盟国間の法や司法判断の調整が困難かという点を実感できるのではないでしょうか。この地域で活動する企業に関わる各種の法律問題に対してどのような内容の会社法が適用されるのでしょうか。ＥＵの六つの原加盟国は、確かに法文化、言語、そして会社法もそれぞれ違ってはいましたが、各国の歴史的歩みや経済発展状況、法的規律の基本的な枠組みなどは互いに似ていました。加盟諸国間に共通する部分がみられるのであれば、それだけ法統一の可能性も高くなることでしょう。それに対して、加盟国が一五か国に増加した現在では、当時とはまったく状況が違っており、それだけ統一法の形成も難しくなってきています。

［付記］右の講演原稿は、*Ebke*, Gesellschafts- und Unternehmensrecht in multijurisdiktionalen Rechtsordnungen: Kollisionsrechtlicher Selbstschutz, Wettbewerb der Rechtsordnungen oder Rechtsangleichung?, in: *Basedow, Drobnig, Ellger, Hopt, Kötz, Kulms und Mestmäcker* (Hrsg.), Aufbruch nach Europa——*75* Jahre Max-Planck-Institut für

Privatrecht, 2001 Tübingen, SS. 197-213 として公表されている。

国際外国為替法における利益調整

――国際法上の基準、国益および私益のいずれを優先すべきか――

Internationales Devisenrecht im Spannungsfeld von völkerrechtlichen Vorgaben, nationalen Interessen und privatem Interessenausgleich

實川和子訳

目次

第一章　序　論

　国際外国為替法とは何か。それは、裁判所が判断を下す際に、国際資本取引および国際支払取引に対し設けられている内外国の制限を顧慮しなければならないか否か、顧慮しなければならない場合、どのような要件のもとで顧慮しなければならないかについて定めている法的規範の総体である[1]。国際通貨基金（ＩＭＦ）[2]は設立されて五六年になるが、国際外国為替法は話題にならなくなっている。国際通貨基金協定（以下、ＩＭＦ協定とする）第八条第二項ｂ号第一文および諸国の国内法たる国際外国為替法が今日裁判実務において果たしている役割は、世界的にみると、どちらかというと重要性を失っている。これに対して、前世紀の一九五〇年代および一九六〇年代には事情は異なっていた。当時、国際外国為替法は、実務上も学問上も、まだ高い存在価値を有していた[3]。というのは、第二次世界大戦後の数年に、多くの国は、経常的な国際支払取引と国際資本取引に対する制限を甘受していたからである。そのような制限によって、諸国は、一方では、乏しい外国為替残高の流出を防ごうとし、他方では、国内に入ってくる外貨を中央銀行の管理下に置こうとした。裁判所に対して、当時の多くの渉外的事案で提起されていた問題は、裁判所は、国境を越えて行われる商事取引や経済取引において、経常的な国際支払取引および国際資本取引に対する制限に効力を付与しなければならないか否か、付与しなければならないとすれば、どの程度、またどのような要件のもとで効力を付与しなければならないのかという問題であった。

　アメリカ合衆国による一九七一年五月の「金との交換（goldenes Fenster）」停止は、国際支払・資本取引に対するさらなる制限を世界的規模で誘発した。[4] こうした展開が国際私法上の事実関係に対して及ぼす影響を、裁判所は改めて身に沁みて感じとるようになっている。[5] 前世紀の一九八〇年代後半および一九九〇年代前半、国際外国為替法は厳しい試練に絶えなければならなかった。というのは、国際外国為替法は、国際債務危機（international debt crisis）の帰結を抵触法的に克服するという難しい課題の前に立たされていたからである。不安をぬぐい切れない問題、つまり「ＩＭＦ協定第八条第二項ｂ号が適用されるのか否か」という問題で、債権者も債務者も、資本輸入国も資本輸出国も同じように動揺していた。[6] 同じような規模の国際的破局は、その後は生じていない。しかしながら、国際的な破局の可能性がなくなったわけではない。以上の理由からしてすでに、国際経済法を学ぶ者にとって国際外国為替法の知識の重要性は極めて大きいであろう。

かつて共産主義国であった中欧および東欧の諸国がＩＭＦに一九九〇年代に加盟したことによって、特にドイツでは数多くの国際外国為替法上の問題が生じた。[7] なぜなら、連邦通常裁判所、つまり民事法分野でのドイツの最高裁判所が、ＩＭＦ協定第八条第二項ｂ号第一文に関する判例により、あまりにも一方的に、外国為替法を公布した国の利益を顧慮していたからである。このことによって、商事取引および経済取引に参加する私人（信用供与者たる銀行を含む）の利益が軽視されることとなった。[8] ＩＭＦ協定第八条第二項ｂ号第一文で対象とされている、国境を越えて行われる商品、役務、支払および資本取引について、国際法上の諸基準であるＩＭＦ協定、加盟諸国の国益、そして為替契約当事者の私益、これらの間での利益調整を要する関係（Spannungsverhältnis）は、国際外国為替法上未解決のひとつの中心的論点である。[9] 国際私法学者も比較法学者も、ともに引き続き、解決策を展開しようとしてきた。国際外国為替法にとっての新しい挑戦のひとつとして、増加する一方の国際的な「マネー・ロンダリング（資金洗浄）」という問題もある。[10] 国際私法学者は、国際的なマネー・ロンダリングの問題を将来的に解決するように探求してはいるが、その成果は政治と同様にまだ現れていない。

国際私法学者にとって、国際外国為替法はもうひとつ別の理由からも関心をそそるものである。国際外国為替法の根拠は、今日、部分的には、国際統一法、つまりＩＭＦ協定第八条第二項ｂ号第一文である。この規定は、国際統一法が解釈・適用される場合に生じる諸問題に関するひとつの教材となっている。[11] それゆえ、国際外国為替法を取り上げる場合の学問的な影響は、この法領域の本来の適用範囲をはるかに越えている。多くの裁判所にとって、漠然としていて信用できないＩＭＦ協定第八条第二項ｂ号第一文を解釈し適用することは、当初、難しいものであった。しかしながら、裁判所は、自らに与えられた責務を果たし、この領域における法の安定性と予見可能性のために、裁判例を通して配慮してきた。法律学は、判例がその責務を果たそうとする場合、重要なパートナーではあるが、その関係はますます与しやすくなっているというわけではない。モノグラフィ、コンメンタール、論文、そして判例評釈がたくさん書かれ、もはや概観し得ない状況で、学者により国際外国為替法は比較法的に分析され、順序よく整理され、理論的基盤を与えられ、深められ、裁判所に対し、ＩＭＦ協定第八条第二項ｂ号第一文の内容および目的をよりよく理解する道への地ならしが行われてきた。[12]

地球上の至るところで下されている国際外国為替法に関する数多くの裁判は、判例および学理における需要と供給との相互関係を反映したものである。初期のＩＭＦ協定第八条第二項ｂ号第一文に関する国際外国為替法分野での判例の展開は、次に挙げるような著名な法律家の研究なしに考えることができないであろう。すなわち、サー・ジョセフ・ゴールド（Sir Joseph Gold）[13]、フレデリック・A・マン（Frederick A. Mann）[14]、アルトゥール・ヌスバウム（Arthur Nussbaum）[15]、ジョルジュ・R・ドゥローム（Georges R. Delaume）[16]、ラッス・A・イエルナー（Lass A. Hjerner）[17]、ゲルハルト・ケーゲル（Gerhard Kegel）[18]、バーナード・S・メイヤー（Bernard S. Meyer）[19]、アラン・フィリップ（Allan Philip）[20]、イグナツ・ザイドゥル‐ホーエンフェルデルン（Ignaz Seidl-Hohenveldern）[21]である。これらの法律家は、裁判所に援助を与え、ＩＭＦ協定第八条第二項ｂ号第一文に対してはっきりとした形状と輪郭を与えようとしてきた。この点での貢献は、特に彼らの比較法的研究であった。その後のものとして、これらに追加されるのは、ドミニク・カロウ（Dominique Carreau）[22]、ケネス・W・ダム（Kenneth W. Dam）[23]、カールステン・T・エーベンロート（Carsten T. Ebenroth）[24]、ヴェルナー・F・エプケ（Werner F. Ebke）[25]、リチャード・W・エドワーズ（Richard W. Edwards）[26]、フランソワ・ジャンヴィッティ（François Gianviti）[27]、ビート・クライナー（Beat Kleiner）[28]、ステファン・ツァモラ（Stephen Zamora）[29]等々の学者である。

国際外国為替法の研究者に今日求められているのは、国内抵触法から、国際統一法である外国為替抵触法を作り出すことである。この課題は今日特に強く示されており、しかも次の二つの理由が挙げられている。第一に、主要資本輸出国（特にアメリカ合衆国、イギリスおよびドイツ）の裁判所は、国際資本取引を、ＩＭＦ協定第八条第二項ｂ号第一文から除外する方向へと移行している。なぜなら、資本取引は、それらの国の見地によれば、この規定に含まれないと解釈されているからである[30]。それゆえ、これらの裁判所は、国際資本取引に関する事案では、法廷地の国内法たる国際外国為替法に依拠している。次に、イギリスとアメリカ合衆国の裁判所は、ＩＭＦ協定第八条第二項ｂ号第一文を限定的に解釈し、当該規定が経常的国際支払取引についても実務上ほとんど意義を持たないようにしてきた[31]。多くの資本輸出国には、国内法たる国際外国為替法に関する法律はない。というのは、これらの諸国ではまずもって判例に、国内法たる国際外国為替法を形成し、引き続き展開させる責務があり、そこでは、ＩＭＦ協定第八条第二項ｂ号は適用されていないからである。それゆえ、ＩＭＦ協定において設定され、しかもＩＭＦ加盟諸国により受容されている、通貨に関する国際協力（国際通貨協力[32]）のための義務がＩＭＦ加盟諸国の国内法たる国際外国為替法に及ぼす影響についての広範な探求は今日まで行われていない[33]。ＩＭＦ法と超国家的な通貨法・外国為替法（たとえば、ＥＵ法とＯＥＣＤ[34]）の共存に関しては、まだ多くの問題が残されている。

国際外国為替法はとりわけ法律家にとって重要である。というのは、国際外国為替法は、学際的な研究と協力のための多様な可能性を開いているからである。国際外国為替法は、国際的な資本流通と経常的な国際支払とに関連するものである。われわれが今日知っているように、国際的な支払および資本取引の自由は、世界経済を機能させるための根本的要件である。それゆえ、国際的な支払および資本取引に対する制限は例外的にしか許されない。国際外国為替法は、こうした経済的見方が国際私法の次元でも実現できるように貢献しなければならない。ＩＭＦ協定上のこの規定の解釈が経済的に意味付けられなければならないのと同様に[35]、裁判所も、国内法たる国際外国為替法の形成と継続的展開にあたり、ＩＭＦ協定第八条第二項ｂ号第一文の適用範囲を越えて、みずからの裁判が及ぼす経済的帰結を顧慮しなければならない。この責務は多くの裁判所にとって法律学の助けがなければ果たすことができないであろう。法律学も同様に経済学と協調的に行動し、経済的に意味のある解決が得られるよう努力しなければならない。

このように、法律家にとって、国際外国為替法を取り上げるに十分な理由はたくさんある。以下、本論の目的は次の点を明らかにすることにある。すなわち、ＩＭＦ協定第八条第二項ｂ号第一文という国際法上の基準が、ＩＭＦ加盟諸国の国益と、国際的な商事取引および経済取引に参加する私人や企業の利益とを、調整しうるか否か、またどのように調整するのかという点である。この目的を達成するため、まずＩＭＦ協定の目的を簡潔に明らかにする（第二章）。続けて、ＩＭＦ協定第八条第二項ｂ号第一文の規定の細目を取り上げよう（第三章）。続く章では、ＩＭＦ加盟諸国の裁判所によってＩＭＦ協定第八条第二項ｂ号という基準を国内法へ置き換える際に生ぜしめられる実務上の問題に論及される（第四章）。最後に、ここでの研究から、ＩＭＦ加盟諸国の国内法たる国際私法にとってどのような帰結を導き出すことができるかという問題に向かうことになろう（第五章）。

（1） *Ebke,* Internationales Devisenrecht, 1991, S. 35（その日本語訳として、エブケ著（山内惟介監修・実川和子訳）『国際外国為替法（上）（下）』（中央大学出版部、一九九五）；ロシア語訳、Verlag Mezjdunarodnye otnosjenija, 1997）.

（2） ＩＭＦは、一九四五年一二月二七日にＩＭＦ協定（ブレトンウッズ協定）の発効をもって成立した。これについては、次のものをみよ。*Ebke,* Der Internationale Währungsfonds und das internationale Devisenrecht, RIW 1991, 1.

（3） *Ebke*（前注（1））, S. 191-202.

（4） この事件の背景については次のものをみよ。*Lowenfeld,* International Economic Law, Bd. IV : The International Monetary System, 2. Aufl., 1984, S. 113-143 ; *Garritsen de Vries,* The International Monetary Fund 1966-1971, Bd. I, 1976, S. 517-530. 全体については、*Gold,* Exchanges Rates in International Law and Organization, 1988.

（5） *Gold,* The Fund Agreement in the Courts, Bd. II, 1982.

（6） *Ebke,* Artikel VIII Abschnitt 2(b) des Übereinkommens über den Internationalen Währungsfonds und die Schweiz : "2(b) or Not 2(b)", in : Festschrift für Beat Kleiner, 1993, S. 303 ; *Fuchs,* Lateinamerikanische Devisenkontrollen in der internationalen Schuldenkrise und Art.VIII Abschn. 2b) IWF-Abkommen, 1995, S. 204-205 ; *Gianviti,* The International Monetary Fund and External Debt, RdC 1989-III 213.

（7） *Ebke*（前注（2））, RIW 1991, 1, 2.

（8） 詳細については次のものをみよ。*Ebke,* Article VIII, Section 2(b), International Monetary Cooperation and the Courts, in : Festschrift in Honor of Sir Joseph Gold, 1990, S. 62, 70-84.

（9） これについては一般に次のものをみよ。*Gold,* The Fund Agreement in the Courts, Bd. III : Further Studies in Jurisprudence Involving the Articles of Agreement of the International Monetary Fund, 1986.

（10） これについては、次のものをみよ。資金浄化を目的とする金融システム利用防止評議会指令 91/308/EEC, ABl. EG 1991 Nr. L 166/77. この指令は、一九八〇年六月二七日の欧州議会の勧告を国内法に置き換えるために役立っている。

（11） これについては原則として次のものをみよ。*Kropholler,* Internationales Einheitsrecht, 1975.

（12） 関連文献の最近の一覧は、次のものにある。*Ebke,* Internationales Devisenrecht, in : *Staudinger,* Kommentar zum

Bürgerlichen Gesetzbuch, 13. Aufl., 2001, Anh zu Art 34 EGBGB.

(13) 次のものだけをみよ。*Gold,* The Fund Agreement in the Courts, 1962. 国際外国為替法の展開にとってサー・ジョセフ・ゴールドの文献の意義については、次のものにおける広範囲に及ぶ評価をみよ。*Ebke,* Sir Joseph Gold and the International Law of Exchange Controls, 35 Int'l Law. (2001)（未刊のため頁数不明）; *Zamora,* Sir Joseph Gold and the Development of International Monetary Law, 23 Int'l Law. 1009 (1989). サー・ジョセフ・ゴールド の文献目録は、次のものに収録されている。*Ebke/Norton* (Hrsg.), Festschrift in Honor of Sir Joseph Gold, 1990, S. 459–470.

(14) 次のものだけをみよ。*Mann,* Der Internationale Währungsfonds und das Internationale Privatrecht, JZ 1953, 442 ; *ders.,* Money in Public International Law, Br. Yb. Int'l L. 1949, 249 ; *ders.,* The Bretton Woods Agreement in the English Courts, Int'l & Com. L. Q. 16 (1967) 539 ; *ders.,* The Exchange Control Act 1947, Mod. L. Rev. 1947, 411 ; *ders.,* The Private International Law of Exchange Control under the International Monetary Fund Agreement, Int'l & Comp. L. Q. 2 (1953) 97. さらに、次の偉大な著作もみよ。*Mann,* The Legal Aspect of Money, 5. Aufl. 1992.

(15) *Nussbaum,* Money in the Law, National and International. A Comparative Study in the Borderline of Law and Economics (1950) ; *ders.,* Exchange Control and the International Monetary Fund, 59 Yale L. J. 421 (1950)

(16) *Delaume,* De l'élimination des conflits de lois en matière monétaire réalisée par les Statuts du Fonds Monétaire International et ses limites, Clunet 81 (1954) 332.

(17) *Hjerner,* Foreign Exchange Restrictions and Private International Law. Studies in the Enforcement and Recognition of Foreign Penal, Revenue, Confiscatory and Political Laws in Different Legal Systems, 1956.

(18) *Kegel,* Probleme des internationalen Enteignungs- und Währungsrechts, 1956.

(19) *Meyer,* Recognition of Exchange Controls after the International Monetary Fund Agreement, 62 Yale L. J. 867 (1953).

(20) *Philip,* Den Internationale Valutafond og Dansk Ret, Nord. T. I. R. 23 (1953) 12.

(21) *Seidl-Hohenveldern,* Probleme der Anerkennung ausländischer Devisenbewirtschaftungsmaßnahmen, (Österr) ZR3 (1957–58) 82.

(22) *Carreau,* Le Fonds Monétaire International, 1970 ; *dies.,* Souveraineté et coopération monétaire internationale, 1970.

(23) *Dam,* The Rules of the Game : Reform and Evolution in the International Monetary System, 1982.

(24) *Ebenroth,* Banking on the Act of State. International Lending and the Act of State Doctrine, 1985.

(25) *Ebke*（前注(1)）; *ders.*（前注(12)）（国際外国為替法に関する刊行物の完全な目録が付されている).

(26) *Edwards,* International Monetary Collaboration, 1985 ; *ders.,* Extraterritorial Application of the U.S. Iranian Assets Control Regulations, 75 Am. J. Int'l L. 870 (1981).

(27) *Gianviti,* Le contrôle des changes étrangers devant le juge national, Rev. crit. d. i. p. 69 (1980) 479 und 659 ; *ders.,* Réflexions sur l'article VIII, section 2b) des Statuts du Fonds Monétaire International, Rev. crit. d. i. p. 62 (1973) 471 und 629.

(28) *Kleiner,* Internationales Devisen-Schuldrecht. Fremdwährungs-, Euro- und Rechnungseinheitsschulden, 1985.

(29) *Zamora,* Exchange Control and Global Financial Markets, in : *Norton* (Hrsg.), Prospects for International Lending and Rescheduling,1988, Kap. 8 ; *ders.,* Exchange Control in Mexico : A Case Study in the Application of IMF Rules, 7 Houston. J. Int'l L. 103 (1984) ; *ders.,* Peso-Dollar Economics and the Imposition of Foreign Exchange Controls in Mexico, 32 Am. J. Int'l L. 99 (1984) ; *ders.,* Recognition of Foreign Exchange Controls in International Creditors' Rights Cases : The State of the Art, 21 Int'l Law. 1055 (1987).

(30) *Ebke,* in : *Staudinger*（前注(12)）, Anh zu Art 34 RdNr. 25 und 31.　これについては、後述の注(74)から(77)もみよ。

(31) これについては後述の注(80)をみよ。

(32) 通貨に関する国際協力については次のものをみよ。*Carreau,* Souveraineté（前注(22)）.

(33) これについての詳細は、次のものをみよ。*Ebke*（前注(1)）, S. 312-334 および後述の注(136)-(140).

(34) 経常的な国際支払取引および国際資本取引に関するヨーロッパ法上の規律およびＯＥＣＤ規約の詳細については、次のものをみよ。*Glaesner,* in : *Schwarze* (Hrsg.), EU-Kommentar, 2000, Art. 56-60 EGV ; *Kimms,* Die Kapitalverkehrsfreiheit im Recht der Europäischen Union, 1996 ; *Ebke*（前注(1)）, S. 95-116 ; *Usher,* The Law of Money and Financial Services in the European Community, 1994.

(35) 次の要求だけをみよ。*Gold*（前注(5)）, S. 3（「(基金協定) が含んでいる法的問題の解決は最大限経済的意味をなすべきであるということが、解釈の基本的規則となるべきである」).

第二章　国際通貨基金の目的

国際通貨基金協定は、一九四四年七月一日から二二日までの間に、アメリカ合衆国ニューハンプシャー州ブレトンウッズにおける通貨および金融に関する国際会議において作成された[36]。この協定は、一九四五年一二月二七日に発効した。本協定の目的は、次の点にあった。すなわち、通貨政策の領域における国際協力を安定的な調整によって促進すること、世界貿易の拡大と均衡の取れた成長を助長すること、諸国通貨の安定性を促進すること、加盟国間の経常取引に関する多角的支払制度を樹立すること、外国為替に対する制限を除去すること、そして、支払収支の不均衡をＩＭＦの資金の利用により除去すること、これらである（ＩＭＦ協定第一条）。ＩＭＦ協定第四条第一項は、ＩＭＦ協定の第二次改正・補足に伴い一九七六年に改められたが、この第一項が明確にしているように、「国際通貨制度の基本的な目的は、諸国間の商品・役務・資本の交流を助長し、かつ健全な経済成長を維持するための枠組みを提供することと」である。一九七八年のＩＭＦ協定第一条および第四条第一項に含まれている諸基準は部分的に交錯し、一部では矛盾さえしているが、これらの規定が向けられているのはまったく同一の目的、すなわち、国際法として表現された、通貨に関する国際協力という原則に基づき、摩擦のない機能的な国際通貨金融制度の樹立、である[37]。

ケネス・Ｗ・ダムは、国際条約に基づいて国際通貨金融制度を樹立するというブレトンウッズの決断を、『ゲーム理論（The Rules of the Game）』という著書の中で、正当にも「今世紀の鍵となる国際金融政策上の決定」と述べている[38]。ブレトンウッズ協定に設定された通貨に関する国際協力という原則は、制度上も実行の点でも、協定創始者の意思に従って適用されなければならない。通貨に関する国際協力という考えを、国境を越える商品・役務・支払および資本の交流という私的法律関係の次元で実現することは、第一に、ＩＭＦ協定第八条第二項ｂ号第一文の責務である。[39]国際法上唯一拘束力を有する英語の表現形式において、ＩＭＦ協定第八条第二項ｂ号第一文は次のように定められている。

"b) Exchange contracts which involve the currency of any member and which are contrary to the exchange control regulations of that member maintained or imposed consistently with this Agreement shall be unenforceable in the territories of any member."

（いずれかの加盟国の通貨に関する為替契約で、この協定に合致して存続しまたは設定される、その加盟国の為替管理規制に違反するものは、いずれの加盟国領域においても強制しえないものとする）

ＩＭＦ協定第八条第二項ｂ号第一文のドイツ語訳は、一九七六年のＩＭＦ協定第二次改正に伴い、オーストリアおよびスイスと調整の上、言語上練り直された。それ以来、ＩＭＦ協定第八条第二項ｂ号第一文のドイツ訳は、次のように定められている。

"b) Aus Devisenkontrakten, welche die Währung eines Mitglieds berühren und den von diesem Mitglied in Übereinstimmung mit diesem Übereinkommen aufrechterhaltenen oder eingeführten Devisenkontrollbestimmungen zuwiderlaufen, kann in den Hoheitsgebieten der Mitglieder nicht geklagt werden."

（外国為替契約のうち、ある加盟国通貨に関するもので、かつ当該加盟国により本協定に合致して維持されるまたは導入される為替管理規定に違反するものは、加盟国領域において訴求されえない）

ＩＭＦ協定第八条第二項ｂ号第一文は、今日約一八〇のＩＭＦ加盟諸国の裁判所および行政官庁に対して、協定に合致する（maintained or imposed consistently with this Agreement；abkommenskonforme）[40]、他の加盟国の外国為替管理規定（exchange control regulations；Devisenkontrollbestimmungen）[41]に効力を付与することを義務付けている。ＩＭＦ協定第八条第二項ｂ号第一文は、一九六八年、一九七六年および一九九〇年の三回のＩＭＦ協定改正でも、変更されずに存続している。

(36) 歴史的背景については、次のものをみよ。*Horsefield*, The International Monetary Fund 1945-1965, Bd. I-III, 1969.
(37) *Gold*, Legal and Institutional Aspects of the International Monetary System : Selected Essays, 1979 ; *ders.*, Legal and Institutional Aspects of the International Monetary System : Selected Essays, Bd. II, 1984.
(38) *Dam*（前注(23)), S. 71.
(39) *Gold*, IMF : Some Effects on Private Parties and Private Transactions, in : *Norton* (Hrsg.), Prospects for International Lending and Rescheduling, 1988, Kap. 13 ; *Horn* (Hrsg.), The Law of International Trade Finance, 1989.
(40) 協定適合性の詳細については次のものをみよ。*Ebke*, in : *Staudinger*（前注(12)), Anh zu Art 34 RdNr. 44-46.
(41) 外国為替管理規定という概念のもとで理解されるのは何かという問題については、次のものをみよ。*Ebke*, in : *Staudinger*（前注(12)), Anh. zu Art. 34 RdNr. 41-43.

第三章　ＩＭＦ加盟諸国における国際法上の基準の国内法への置き換え

ＩＭＦ協定第八条第二項ｂ号第一文は、ＩＭＦ加盟諸国にとっての国際外国為替法を、根底から変更している。

第一節　抵触法革命

前世紀の中期まで多くの諸国が、経常的な国際支払取引と国際資本取引を、自治的に国内法または（時に）二国間条約を用いて規律していた。特に、国際法上のまたは超国家的な基準は、まだ存在していなかった。このことは、国際支払・資本取引に対する制限は抵触法上顧慮されるべきか否か、顧慮されるべきであるとすればどの程度顧慮されるべきか、またどのような要件のもとで顧慮されるべきかについて判断する国際私法にも妥当した。それゆえ、国際私法が、当時、為替管理措置公布国の国益と、公布国の市民・企業の私益のどちらか一方を守るという考えによって特徴付けられていたことは、驚くにあたらない(42)。このことは、特に、自国の外国為替法と外国の外国為替法の扱いが異なる場合に示された(43)。経常的な国際支払取引または国際資本取引に対する国内法上の制限は、ほとんど自動的に、当事者が自己の法律関係を、当事者自治に基づき他の法に服せしめていた場合又は事実関係が客観的連結に基づき外国法によって規律されていた場合でさえも、適用されていた。これに対して、裁判所は、経常的国際支払取引または国際資本取引に対する外国の制限に対して国内で効力を付与する事態が発生した場合、大変慎重であった。外国為替法上の介入規範の属地的適用という考え、外国公法不適用の原則（revenue rule）および公序（public policy）という留保条項によって、従来通り、外国の外国為替法に対する自由な顧慮は阻止された。

これに対してＩＭＦ協定第八条第二項ｂ号第一文は、初めから、国際外国為替法における不公平を克服することが目的とされていた(44)。多くのＩＭＦ加盟国の立法者が、ＩＭＦ協定第八条第二項ｂ号第一文を国内法化する際に、この規定の適用範囲を、ほとんど見通していなかったであろうということと(45)、このこととは矛盾していない。ＩＭＦ協定

第八条第二項b号第一文が及ぶ限り、ＩＭＦ加盟諸国の裁判所は、問題となっている外国為替法上の規定が契約準拠法に属していない場合でさえ、協定に合致する外国為替管理規定に効力を付与しなければならない(46)。ＩＭＦ協定第八条第二項b号第一文の適用範囲において、裁判所は、ＩＭＦ協定に合致して維持され、導入されている外国為替管理規定を、従来の（しかし、もはや時代遅れの）外国公法不適用の原則を用いて、国内における顧慮を拒否してはならない(47)。同じく、属地主義も、もはや、協定に合致するＩＭＦ加盟諸国の外国為替法を国内において顧慮することを否定するために、引用されてはならない(48)。抵触法上の公序は、協定に合致する外国の外国為替管理規定に対して、一層稀な事例においても利用されてはならない(49)。

ＩＭＦ協定第八条第二項b号第一文に基礎付けられている、協定に合致する他のＩＭＦ加盟諸国の外国為替法に効力を付与するという義務は、さらに、法廷地国が公布国を外交上承認しているか否かに拘わらず存在する(50)。決定的な点は、法廷地国と公布国が、ＩＭＦに加盟しているということである(51)。それゆえ、たとえば、スイスのチューリッヒ高等裁判所第二民事部は一九八三年のトルコ銀行対スイス銀行事件の裁判においてＩＭＦ協定第八条第二項b号第一文を正当にも顧慮していなかった(52)。協定に合致する他のＩＭＦ加盟国の外国為替法を顧慮するという義務は、基金のすべての加盟国に対し、それらの国が、自国通貨に完全な交換可能性を義務付けているか否かに拘わらず適用される（ＩＭＦ協定第八条第二項、第三項および第四項）(53)。

第二節　国内法への置き換え

ＩＭＦ協定第八条第二項b号第一文の抵触法上および実質法上の基準を国内法に置き換えること(54)は、圧倒的にＩＭ

F加盟諸国の裁判所の肩にかかっている。[55] 過去五六年間の経験が教えているように、多くのIMF加盟諸国の裁判所はこの規定を解釈・適用する場合、IMF協定第一条および第四条第一項に定められている基金の目的に影響を受けている。このことによって、IMF協定第八条第二項b号第一文は、国境を越えて行われる私的取引の次元で、IMF協定の目的を実現化するために貢献している。もちろん、これについては、次のような例も多い。すなわち、裁判所が、自国の利己主義や特別な利益――たとえば、自国金融市場の強化という希望や、自国の信用供与者の保護を拡大するという希望――が表面に出て、このため、IMF協定の目的や要求を見失うといった例である。

1 試金石:「exchange contracts」

世界的規模で徹底的に行われた、「為替契約」(exchange contracts; Devisenkontrakte)という中心的法律要件の解釈についての議論は、これについての極めて重要な例であろう。アルトゥール・ヌスバウムとF・A・マンに遡る「為替契約」という概念の「広義」と「狭義」の解釈の信奉者間の争い[56]は、国際債務危機の発生に伴い、特に次の問題に関して再燃した。すなわち、国際信用供与契約が、IMF協定第八条第二項b号第一文の意味における「為替契約」か否かという問題である。[57] ニューヨーク州最高裁判所の有名なバーナード・マイヤー裁判官は、八〇年代初めに、ウエストン・バンキング・コーポレーション対ターキー・ギャランティ・バンカーシ(Weston Banking Corp. v. Turkiye Garanti Bankasi, A.S.)事件における反対意見の中で、「為替契約」という不可解な概念について広義の解釈に賛成することを表明していた。[58] この見解を採ることによって、同裁判官は、アメリカ合衆国における執行を阻止しようとした。けれども、アメリカ合衆国のほぼすべての裁判所は、特に国際信用供与契約をIMF協定第八条第二項b号第一文の保護範囲に含めることを否定している。[59] この背景には、IMF協定第八条第二項b号第一文に代えて、法廷地の伝統的な抵触規則や、国家行為理論（act of state doctrine）、礼譲原則（comity）、主権免除原則（sovereign immunity）のような法制度を適用することができるという裁判所の希望が隠れている。これらの規則や法制度は、（自国の）信用供与者にとって、通例、公布国の保護を前面に出すＩＭＦ協定第八条第二項ｂ号第一文よりも有利である。[60] 一九七〇年代中期以降、イギリスの判例も、広義の、国際的な信用供与契約を含み、そのため債務者を保護する「為替契約」の解釈を、ロンドンの、主要な国際金融市場としての立場を危うくしないように、否定している。[61]

これに対して、ドイツの裁判所は――フランスの裁判所[62]と同様に――、すでに早くから、広義の、公布国および債務者の保護を目指しているＩＭＦ第八条第二項ｂ号第一文の解釈に同意していた。一九五〇年代初めに下された判決において、たとえばシュレースヴィヒ・ホルシュタイン上級地方裁判所は、広義の解釈だけが、「外国為替管理の目的」に合致すると主張していた。[63] ベルリン宮廷裁判所も考えたように、広義の解釈は、ＩＭＦ協定の「経済的意味」を考慮しているに過ぎない。[64] ドイツの裁判所の伝統的な見解によれば、ＩＭＦ協定第八条第二項ｂ号第一文に含まれるのは、実務上、公布国の支払収支に影響を及ぼすすべての双方的債務である。[65] ドイツ法律学上の文献は、「為替契約」という概念についての広義の解釈を、圧倒的に支持している。[66] しかしながら、含まれる行為の範囲について詳しくみてみると、まったく一致していない。[67] 特に争いがあるのは、長期国際信用供与契約がＩＭＦ協定第八条第二項ｂ号第一文の適用範囲に含まれるか否かである。[68] 連邦通常裁判所第九民事部は、一九九一年にはまだ、ドイツ・ギリシャ間の消費貸借契約に関する事案にＩＭＦ協定第八条第二項ｂ号第一文を適用するという考えを持っていなかった。[69]

予防法学は、ドイツ裁判所によるＩＭＦ協定第八条第二項ｂ号第一文の広義の解釈・適用から迅速に結果を引き出した。それは、経済的に重要な国際的な長期信用供与契約を、通例、ニューヨーク州法に服せしめるというものである。[70] これと並行して現れるのは、仲裁の合意[71]や、専属管轄(exclusive jurisdiction)としてのニューヨークの選択である。アメリカ・ニューヨーク州の立法者は、これに対応した取扱いを奨励している。[72] 民事手続法第三二七条b号によれば、アメリカ・ニューヨーク州の裁判所は、当事者が、当該契約を当事者自治による法選択に従い、ニューヨーク州法に服せしめ、かつニューヨークの裁判所を専属管轄としている場合、「少なくとも一〇〇万ドル」を対象とする国際商取引(commercial transactions)の範囲の訴訟を、管轄権(jurisdiction)を理由に却下してはならない。つまり、フォーラム・ノン・コンヴィニエンス(forum non conveniens)の原則に基づく訴却下は、その種の事案においては考えられていない。寛大な手続規定は、一般債務法第五—一四〇一条、第五—一四〇二条において、同じく寛大な法選択可能性によって補完されている。この規定は、事実関係がニューヨークと「合理的関係」を示しているか否かを問題としていない(参照されるのは、統一商法典第一—一〇五条第一項)。ヨーロッパにいる弁護士だけでなく、支払収支を保護するため、(例外的におよびＩＭＦ協定に沿って)国際資本取引に対する制限を定めているＩＭＦ加盟諸国の弁護士も、指をくわえてみていなければならない。ニューヨークの裁判所がＩＭＦ協定第八条第二項b号第一文の範囲外で自国の国内法を適用する場合に、ＩＭＦ協定の諸考慮や諸目標に導かれるであろうという希望はなんら確証されていない。合衆国の対外関係(第三次)リステートメントは、そのような希望を、他の米国連邦州のためにも、すでに大事に至らしめぬうちに防いでしまっている。[73]

ドイツ連邦通常裁判所は、先日、ＩＭＦに加盟する他の主要資本輸出国——特にアメリカ合衆国ニューヨーク州やイギリスの裁判所——の判例に沿って、ＩＭＦ協定第八条第二項b号第一文の適用範囲を同様に大幅に制限した。同裁判所の「ブルガリア」判決において、連邦通常裁判所の第二民事部は、この規定の適用範囲を、経常的な国際支払取引に制限した。したがって国際資本取引行為は、ＩＭＦ協定第八条第二項b号第一文によって把握されないものとみなされる。[74]それと同時に、第二民事部は、最近の文献において批判されていた、これまでの判例によると制限されていたドイツの国際競争における欠点を除去している。[75]連邦通常裁判所第九民事部は、第二民事部の「ブルガリア」判決を、次のように補完した。すなわち、外国の資本取引に対する管理は、ＩＭＦ協定第八条第二項ｂ号第一文によって把握されない、と。[76]

連邦通常裁判所の両民事部によって採られた限定的解釈によれば、国際資本取引に関する契約と、ＩＭＦ加盟国の資本取引管理規定の対象とされる契約に対して、もはやＩＭＦ協定第八条第二項ｂ号第一文を適用することはできない。[77]これらの事案において、基準となる抵触規範は、自国の国際私法から引き出さなければならない。連邦通常裁判所第一一民事部は、上記の判例を、つい最近再度明らかに追認した。[78]連邦通常裁判所は、それらの判決をもって、最終的に、ＩＭＦ協定は経常的な国際支払取引だけを含み、国際的な資本取引を含まないという見解に従っている。[79]とはいえ、ドイツ裁判所は国際支払流通にＩＭＦ協定第八条第二項ｂ号第一文を適用しており、これは、本規定の適用範囲を実務上皆無に縮小している、たとえばイギリスやアメリカ合衆国の裁判所と比べると、はるかに広い範囲で適用されているといえよう。[80]

２　批　判

ＩＭＦ協定第八条第二項ｂ号第一文を限定的に解釈・適用することによって裁判所は、次のことを受容していると思われる。それは、国家の規律利益や私人の個別利益を、ＩＭＦという共同体の制度上の目的よりも優先するという判断をすることで終わらせようとするために、国際通貨金融制度の経済的、政治的、制度的および規範的な土台は十分耐えうるということである。そしてまた、一方的に国益や私益を顧慮するとすれば、たとえＩＭＦ協定第八条第二項b号第一文の制限的解釈・適用が個別的事案に限られるとしても、ＩＭＦ協定の文言や精神に反して、通貨に関する国際協力を妨げることになる。というのは、他のＩＭＦ加盟諸国の裁判所は、比較可能な、それ以上に事案を異にするものに対しても、ＩＭＦ協定第八条第二項b号第一文を同じく制限的に扱う機会として利用するであろうからである。そしてその目的は、自国債権者が、ＩＭＦ協定第八条第二項b号第一文よりも有利となる、あるいは少なくともより「柔軟な」抵触規範を用いるための余地を作ることである。(81)

当然、このような展開に対してＩＭＦにまったく責任がないわけではない。というのは、ＩＭＦ協定は、「為替契約」という概念の解明化にあまり貢献していないからである。特に、ＩＭＦ協定には、ＩＭＦ協定第八条第二項b号第一文の適用範囲を決定するのに重要な法律要件であるこの概念の定義が含まれていない。ＩＭＦ協定から当該概念の解釈を自動的に導くのは非常に難しく、(82)とりわけ、次に続く関係文「which involve the currency of any member」(83)の解釈が難しいことが判明している。各国の法を比較するという解釈方法によっても、何の助けも期待されえない。なぜなら、「為替契約」という概念には、法伝統的に確立している意味がないからである。ＩＭＦ理事会は、「為替契約」という概念の解明について、今日までまったく貢献してきていない。ＩＭＦ理事会は、ＩＭＦ協定の解釈権限（ＩＭＦ協定第二九条）を有しているにも拘わらず、当該概念を定義していない。(84)さらに問題として指摘されるのは、ＩＭＦ協定には、国内立法者たる法律家が親しんでおり、かつそうした者が協定を解釈する場合に従おうとする体系的精密さがないということである。国際資本取引に関する契約がＩＭＦ協定第八条第二項b号第一文に服するか否かという問題に関する争いは、特に体系的考慮の比重がさまざまに異なっているという点に根ざしている。(85)さらに、ＩＭＦ協定第八条第二項b号第一文の成立史に関する資料も、十分には証明されていない。(86)

それゆえ、ＩＭＦ協定第八条第二項b号第一文が言語上曖昧であることから、多くのＩＭＦ協定加盟諸国の裁判所は、この規定を広く、結果に照らして解釈・適用するために利用してきたということを、克服できていない。（一方は資本輸出国、他方は資本輸入国といった）異なる利益があるため、「為替契約」という概念の解釈・適用に関する争いおよびそれに伴うＩＭＦ協定第八条第二項ｂ号第一文の適用範囲についての争いは、ＩＭＦ協定自体に委ねられている。

3　解　決　策

狭義の解釈に依拠する者と広義の解釈を支持する者との間の争いは、どちらかの見解に賛成または反対したりすることによって、簡単に解決されうるというものではない。というのは、「為替契約」という概念を広く解釈・適用することの短所を知っている重要な国際契約の当事者は、今日、当事者自治に基づいて他国の法を選択することによって、裁判所が、経済的に重要な事案においてＩＭＦ協定を自由に用いることを回避しているからである。そしてその場合には、たいていニューヨーク州法を準拠法とする[87]。また、選択的に、当事者が、国際仲裁裁判所に委ねることもしばしばある[88]。さらにＩＭＦ協定第八条第二項ｂ号第一文を制限的に解釈・適用する諸国は、外国にいる自国民を、執行上著しい問題が生じる状況に服せしめている。イギリス・イタリア間のウィルソン・スミセット・アンド・コープ・リミティッド対テルッツィ（Wilson, Smithett & Cope Ltd. v. Terruzzi）事件は、これについての一目瞭然かつ見せしめ的例である[89]。

解決策は、たとえば、Ｆ・Ａ・マン、ドイツ[90]、イギリス[91]のように、ＩＭＦ協定第八条第二項ｂ号第一文を「国内法から離れて」理解するという方法にも、簡単には見出せない。マンによるオーストラリアにおける法状況の言及は、的を外れている。なぜなら、オーストラリアは、――メキシコ、スウェーデンおよび南アフリカと同じように――Ｉ

MF協定第八条第二項b号第一文をまったく国内法化しておらず、それゆえ、国内法から「離れる」こともできないからである。[92]ドイツ、イギリス、スイスおよびアメリカ合衆国のようにIMF協定第八条第二項b号第一文を国内法化している国が、IMF協定第八条第二項b号第一文をまさに「停止する」であろう場合、IMF協定違反となるであろう。なぜなら、マンによって提案されたIMF協定の部分的終了、「条約法に関するウィーン条約第六二条と関連する第四四条第三項に依拠した」[93]IMF協定第八条第二項b号第一文の停止のための要件は存在していないからである。つまりIMF協定第八条第二項b号第一文は、サー・ジョセフ・ゴールドが正当にも注意深く主張していたように、一九四四年にブレトンウッズで作成され、二〇世紀の七〇年代初めに崩壊した固定為替相場制に決して関係がないわけではない。[94]それゆえ、事情変更の原則（clausula rebus sic stantibus）は、IMF加盟諸国によるIMF協定第八条第二項b号第一文の部分的な条約終了または停止を正当化しない。マンは、自らの考慮を彼らしく、「国際法上、憂慮すべきである」とさえみなしている。[95]

――国際法上許容しうる――解決策は、IMF加盟諸国の協調的行動において存在する（IMF協定第二八条）。このことは、IMF加盟国の裁判所がIMF協定第八条第二項b号第一文を解釈・適用する場合に生じる深い違いがどのようにしたら克服されうるかという問題を提起するにちがいない。この問題を考慮することは、まさに今日実りあるものとなろう。なぜなら、加盟諸国の裁判所は、現在、国際的論議を引き起こす事案を判断する必要はなく、それゆえ現在の時事的な現実や原因から離れて政策を決定することができるからである。けれども、IMF加盟諸国のうち、資本輸出国と資本輸入国とでは大きな利害の違いがあるため、IMF協定第八条第二項b号第一文の適用範囲という問題が、近いうちにIMFによって解明されることは、およそありえないであろう。それゆえ、ひとつの解決策は、差し当たり、IMF加盟諸国の裁判所によってのみ展開されうるのである。すなわち、裁判所は、IMF協定

第八条第二項b号第一文を、個々の事案毎に、国際条約であるＩＭＦ協定の目的に照らして、解釈・適用しなければならない。

(42) *Ebke*（前注（1））, S. 117–121.
(43) *Ebke*（前注（1））, S. 123–157.
(44) *Ebke*（前注（6））, S. 306–307.
(45) 次のものをみよ。*Link*, Article VIII, Section 2(b) of the IMF Articles—The Current United States Practice and Outlook, in: *Horn* (Hrsg.), The Law of International Trade Finance, 1989, S. 143（「ブレトンウッズ協定として知られているこの基準の立法を可決した第七九回会議の加盟国が、この協定が何を意図しようとしているかに考えを及ぼしていたならば、それらの国は、跡を残しはしなかったであろう。」）
(46) *Ebke*（前注（1））, S. 159.
(47) *Ebke*（前注（1））, S. 159.
(48) *Ebke*（前注（1））, S. 159.
(49) 詳細については、しばしば議論されている。学説の状況については、次のものをみよ。*Ebke*, in: *Staudinger*（前注（12））, Anh zu Art 34 RdNr. 14; *Seidl-Hohenveldern*, Article VIII, Section 2(b) of the IMF Articles of Agreement and Public Policy, in: Festschrift in Honor of Sir Joseph Gold, 1990, S. 379.
(50) *Ebke*（前注（6））, S. 307.
(51) 基準時の問題については、後注（116）—（118）をみよ。
(52) 一九八三年四月二九日チューリッヒ高等裁判所、BIZRspr.1984 Nr.14；これについては、*Weber*, Vertragserfüllung und fremdes Devisenrecht, IPRax 1985, 56. ＩＭＦ協定は、スイスでは一九九二年五月二九日に発効している。スイスの国際外国為替法の効力については、次のものをみよ。*Ebke*（前注（6））; *Klein*, De l'application de l'Article VIII 2(b) des Statuts du Fonds Monétaire International en Suiss, in: études de droit international en l'honneur de Pierre Lalive, 1993, S. 261; *Saxer*, Der Einfluß ausländischer Devisenkontrollvorschriften auf Verträge gemäß Art. VIII Abs. 2 lit.b des IMF-Übereinkommens, in: Festgabe für den Schweizer Juristentag 1994, 1994, S. 329.

(53) 日本は、IMF協定第八条第二項、第三項および第四項から導かれる義務を、一九六四年四月一日から受容している。ドイツは、一九六一年二月一五日からである。次のものをみよ。*International Monetary Fund,* Exchange Arrangements & Exchange Restrictions, Annual Report 1986, 1986, S. 241 und 317.

(54) IMF協定第八条第二項b号第一文は、適切な、しかし争いのある見解によれば、（一方的）抵触規定でもあるし、実質規定でもある。次のものをみよ。*Ebke*, in : *Staudinger*（前注(12)), Anh zu Art 34 RdNr. 16.

(55) IMF加盟諸国の行政官庁によるIMF協定第八条第二項b号第一文の適用については、まったく認識されていない。それゆえ、後述する解説は、裁判実務に限定されている。仲裁実務において、IMF協定第八条第二項b号第一文は同じく注目されることが増えている。詳細については、次のものをみよ。*Ebke*（前注(1)), S. 164 Fn. 39. さらに次のものもみよ。*Sandrock,* Is International Arbitration Inept to Solve Disputes Arising out of International Loan Agreement ?, J. Int'l Arb. 11 (1994) 33, 42 ; *Berger,* Devisenrecht in der internationalen Wirtschaftsschiedsgerichtsbarkeit, ZVglRWiss 96 (1997) 316.

(56) 詳細については、次のものをみよ。*Ebke*（前注(1)), S. 205-206.

(57) 学説の状況については、次のものをみよ。*Ebke*（前注(1)), S. 230-231.

(58) Weston Banking Corp. v. Turkiye Garanti Bankasi, A. S., 442 N. E. 2d. 1195, 1204 (N. Y. 1982) (*Meyer, J., dissenting*).

(59) *Ebke*（前注(1)), S. 214-228.

(60) *Ebke*（前注(6)), S. 309 ; *Ebenroth/Teitz,* Winning (or Losing) by Default : The Act of State Doctrine, Sovereign Immunity and Comity in International Business Transactions, 19 Int'l Law. 225 (1985).

(61) *Ebke*（前注(1)), S. 206-212 ; *Balfour,* Extraterritorial Recognition of Exchange Control Regulations : The English Viewpoint, in : *Horn* (Hrsg.), The Law of International Trade Finance, 1989, S. 125. イギリスの判例に批判的なのは、*Gold,* "Exchange Contracts", Exchange Control, and the IMF's Articles of Agreement : Some Animadversions on Wilson, Smithett & Cope Ltd. v. Terruzzi, 33 Int'l & Comp. L. Q. 777 (1984).

(62) これについては、次のものをみよ。*Seuß,* Extraterritoriale Geltung von Devisenkontrollen-Art. VIII 2 b) S. 1 des Übereinkommens über den Internationalen Währungsfonds, 1991, S. 12-13.

(63) シュレースヴィヒ・ホルシュタイン上級地方裁判所一九五四年四月一日、IPRspr. 1954-1955 Nr.163, S. 463, 465.

(64) ベルリン宮廷裁判所一九七四年七月八日、IPRspr. 1974 Nr. 138, S. 364, 366.

(65) *Ebke*（前注（1））, S. 229–230.

(66) たとえば次のものをみよ。*Hahn*, Währungsrecht, 1990, S. 394; *Seuß*（前注（62））, S. 5–47; *Unteregge*, Ausländisches Devisenrecht und internationale Kreditverträge, 1991, S. 32–38; *Ehricke*, Die Funktion des Artikel VIII Abschnitt 2b des IWF-Vertrages in der internationalen Schuldenkrise, RIW 1991, 365, 367–369. さらに詳細については、*Ebke*（前注（1））, S. 229 Fn 395.

(67) 概要については、*Ebke*（前注（1））, S. 229–232.

(68) *Ebke*, in: *Staudinger*（前注（12））, Anh zu Art 34 RdNr. 31; *Ebenroth/Neiss*, Internationale Kreditverträge unter Anwendung von Artikel VIII, Abschnitt 2(b) IWF-Abkommen, RIW 1991, 617; *Unteregge*（前注（66））, S. 35–38.

(69) 連邦通常裁判所一九九一年一一月一四日、RIW 1992, 142, 144.

(70) *Sandrock*, Prejudgment Attachments: Securing International Loans or Other Claims for Money, 21 Int'l Law. 1,5 (1987).

(71) *Sandrock*, Internationale Kredite und die Internationale Schiedsgerichtsbarkeit, WM 1994, 405 und 445. ＩＭＦ協定第八条第二項b号第一文の適用可能性の仲裁適格性については、次のものをみよ。*Sandrock*, Are Disputes over the Application of Article VIII, Section 2(b) of the IMF Treaty Arbitrable?, in: Festschrift in Honor of Sir Joseph Gold, 1990, S. 351.

(72) *Siegel*, New York Practice, 3. Aufl., 1999, S. 30; *Ebke*（前注（1））, S. 216–218.

(73) アメリカ合衆国の対外関係法（第三次）リステートメント第八二二条（1987, comment c.）をみよ。それは、次のように定めている。「……裁判所は、通常、ブレトンウッズ前の為替管理に対するアプローチを続けるであろう」。ブレトンウッズ協定発効前のアメリカ合衆国における国際外国為替法の詳細については、次のものをみよ。*Domke*, Foreign Exchange Restrictions (A Comparative Survey), 21 J. Comp. Legisl. & Int'l L. 54 (1939); *Freutel*, Exchange Control, Freezing Orders and the Conflict of Laws, 56 Harv. L. Rev. 30 (1942).

(74) 連邦通常裁判所一九九三年一一月八日、RIW 1994,151. これについては、次の判例評釈をみよ。*Ebke*, Kapitalverkehrskontrollen und das Internationale Privatrecht nach der Bulgarien-Entscheidung des Bundesgerichtshofs, WM 1994, 1357; *ders.*, Article VIII, Section 2(b) of the IMF Articles of Agreement and International Capital Transfers: Perspectives from the German Supreme Court, 28 Int'l Law. 671 (1994); *Ebenroth/Müller*, Der Einfluß ausländischen

Devisenrechts auf zivilrechtliche Leistungspflichten unter besonderer Berücksichtigung des IWF-Abkommens, RIW 1994, 269; *Ebenroth/Woggon*, Einlageforderungen gegen ausländische Gesellschafter und Art. VIII Abschn. 2(b) IWF-Abkommen, IPRax 1993, 151; *dies.*, Keine Berücksichtigung ausländischer Kapitalverkehrsbeschränkungen über Art. VIII Abschnitt 2(b) IWF-Abkommen, IPRax 1994, 276; *K. Schmidt*, Devisenrecht, Kapitalaufbringung und Aufrechnungsverbot, ZGR 1994, 665.

(75) *Ebke*, in: *Staudinger*（前注（12））, Anh zu Art 34 RdNr. 25.

(76) 連邦通常裁判所一九九四年二月二二日、RIW 1994, 327.

(77) *Ebke*, in: *Staudinger*（前注（12））, Anh zu Art 34 RdNr. 26.

(78) 連邦通常裁判所一九九七年一月二八日、IPRspr.1997 Nr.27, S. 53, 54（消費貸借仮契約に関連して）.

(79) 国際的な資本取引と国際的な経常的支払取引の区別は、判例によれば、これまで部分的にしか明らかにされていない。詳細については、次のものをみよ。*Ebke*, in: *Staudinger*（前注（12））, Anh zu Art 34 RdNr.27. 区別の出発点は、ＩＭＦ協定第三〇条ｄ号であり、本号では、その第一項から第四項において、経常的取引のための支払の例が挙げられている。本号によると、経常取引のための支払に含まれる支払とは、特に、物品および役務の流通に関連する支払、貸付に対する利子およびその種の純利益に関する支払、一定の直接投資の減価償却のための支払、「貸付の償還のための多額でない」支払および多額でない経常的な扶養支払である。逆に、資本流通取引として分類されるのは、次のものである。すなわち、外国での長期信用供与、投資を目的とする外国銀行預金への送金、投資ポートフォリオおよび生命保険。正当にも、ＩＭＦ協定第三〇条ｄ号の区別について批判的なのは、*Seuß*（前注（62））, S. 38.

(80) 次のものをみよ。*Gold*, Foreword: Exchange Controls and External Indebtedness: Are the Bretton Woods Concepts Still Workable?, 7 Houston J. Int'l L. 1, 11 (1984)（「……、この規定は廃止しているといってよい……」）。

(81) たとえば、*Ebke*（前注（6））, S. 311 Fn. 51.

(82) 詳細については、次のものをみよ。*Ebke*（前注（1））, S. 246–251; *Seuß*（前注（62））, S. 5–47; *Unteregge*（前注（66））, S. 32–38.

(83) 関係詞の意味については、次のものをみよ。*Ebke*（前注（1））, S. 246–251; *Seuß*（前注（62））, S. 48–74; *Unteregge*（前注（66））, S. 38–40.

(84) ＩＭＦ理事会によるＩＭＦ協定第八条第二項ｂ号に関する初めてのおよびこれまで唯一の解釈は、一九四九年六月一〇日の理事会決定第四四六号の四である。これは次のものに収録されている。*International Monetary Fund*, Selected Desicions, 1987, S. 290-291. 詳細については、次のものをみよ。*Gold*, The Interpretation by the International Monetary Fund of Its Article of Agreement, 3 Int'l & Comp. L. Q. 256 (1954) ; *ders.*, Interpretation by the International Monetary Fund of Its Articles of Agreement, 16 Int'l & Comp. L. Q. 289 (1967). 基金による「公的」解釈の手続の詳細については、次のものをみよ。*Gold*, Article VIII, Section 2(b) of the IMF Article of Agreement in Its International Setting, in : *Horn* (Hrsg.), The Law of International Trade Finance, 1989, S. 65, 94-97.

(85) *Ebke*（前注（6））, S. 312.

(86) 成立史については次のものをみよ。*Gold*（前注（5））, S. 429-438.

(87) 前注（72）をみよ。

(88) 前注（55）をみよ。

(89) イタリア破毀院一九八一年七月二日、Riv. d.i.p. & proc. 1982, 107. 原審：ミラノ高等裁判所一九七七年九月二七日、Riv. d.i.p. & proc. 1977, 271. 次のものもみよ。*Frigessi di Rattalma*, In tema di contartti conclusi in violazione di norme valutarie, Riv. d. i. p. & proc. 1986, 73.

(90) *Mann*, Kreditverträge und das internationale Devisenrecht, JZ 1991, 614, 615.

(91) *Mann*（前注（14））, S. 364 Fn.1.

(92) *Ebke*（前注（6））, S. 313-314.

(93) *Mann*（前注（90））, JZ 1991, 614, 615.

(94) *Gold*, The Restatement of the Foreign Relations Law of the United States (Third) and Monetary Law, in : *Ebke/Norton/Balch* (Hrsg.), Commentaries on the Restatement (Third) of the Foreign Relations Laws of the United States, 1992, S. 243, 257-260.

(95) *Mann*（前注（90））, JZ 1991, 614, 615.

第四章　実務上の諸問題

協定の掲げている気高い目的を国内法に置き換える際に実務上さまざまな困難が生じることは、確かに軽視されてはならない。そのような困難は、すでに「為替契約」という概念を解釈する際にも生じることが示されている。同じく、ＩＭＦ協定第八条第二項ｂ号第一文の他の法律要件を解釈・適用する際に生じる困難も多い。このことが特に妥当するのは、ＩＭＦ協定第八条第二項ｂ号第一文に定められている、協定に合致する外国為替管理規定違反の法律効果（shall be unenforceable）である。

第一節　「shall be unenforceable」

理論的に明白なのは、コモン・ロー上の訴訟法的観念に依拠している「unenforceable」という概念を、――フランクフルト・アム・マイン上級地方裁判所が適切に定義したように――「条約締約国の国内法上の概念に置き換え、適合させること」が必要であるということである。[96] しかしながら、この理論上の基準を実務に置き換えることは、大陸法秩序に著しい困難をもたらしている。[97] フランクフルト・アム・マイン上級地方裁判所の判決は、特徴的なことであるが、連邦通常裁判所によって破棄された。[98]「unenforceable」という概念は、為替契約（exchange contracts）が無効であることを意味するのか――それどころか、外国為替法上禁止されている結果を伴うため履行されたものは返還請求されうるという効果までも意味するのか？　あるいは「unenforceable」は、賭博に対して幾つかの法秩序で定めているように、「不完全債務」という意味で請求権の訴求可能性の欠如を意味するのか（「責任なき債務」）？　履行されたものは、不当利得の原則に従い返還請求されうるであろうか？　不完全債務として分類することは、基礎となる民事法上の請求権の時効に対し、どのような影響を及ぼすか？　またＩＭＦ協定第八条第二項ｂ号第一文に定められている「unenforceability」は、ひょっとして執行障害に過ぎないのか？「unenforceability」は、裁判所により職権により（ex officio）顧慮されるべきか、それとも権利自体から導かれる当事者の抗弁に過ぎないのか？　そもそも主張されている請求権がＩＭＦ協定第八条第二項ｂ号第一文の意味における、協定に合致する外国為替管理規定に違反していることについて、いずれの当事者が主張および証明責任を負うべきか？

国境を越える契約の当事者が、「訴求不可能な」請求権を、従たる担保行為（たとえば保証）、物的担保（たとえば土地債務、抵当権または譲渡担保）またはその種の合意（たとえば債務承認、債務約束、債務引受、消費貸借契約、手形・小切手債務または保証契約）によって「強化する」場合には、どのように判断されるべきか？　ＩＭＦ協定第八条第二項ｂ号第一文により「unenforceable」であるとされる債権と相殺されることは可能か？　国際契約の当事者は、契約締結時の外国為替法上の状況を、化石化条項（petrifaction clauses）によって承認することができるのか、それともＩＭＦ協定第八条第二項ｂ号第一文は、そのような条項に反するのか？　ＩＭＦ協定第八条第二項ｂ号第一文は、不当利得または不法行為に基づく請求権に、どのような影響を及ぼすのか？　疑問に次ぐ疑問である！

第二節　本案判決要件なのか？

ドイツでは、連邦通常裁判所は、当初から「unenforceable」という概念の解釈に困難を抱えていた。一九六〇年代初め、連邦通常裁判所第二民事部は、権利保護の保障について、まだ曖昧なことを述べていた[99]。一九七〇年にようやく連邦通常裁判所第二民事部が、「訴求不可能」ということは（典型的な）本案判決要件の欠如を意味するという判断を下した[100]。これはつまり、ＩＭＦ協定第八条第二項ｂ号第一文の要件が存在する場合、裁判所は、訴訟を不適法として却下しなければならないことを意味する。すなわち、本案の判断は問題にならない。裁判所は、本案判決要件を、――上告審を含めて――手続の各段階において、職権により顧慮しなければならない[101]。連邦通常裁判所第二民事部は、これまでの判断である、Ｆ・Ａ・マンの主張する、ＩＭＦ協定第八条第二項ｂ号第一文によれば、協定に合致する外国為替管理規定違反は外国為替契約の相対無効（無効）という効果をもたらすという法的見解に依拠する、特にフランクフルト・アム・マイン上級地方裁判所[102]およびハンブルク地方裁判所[103]による判断に反対した。

連邦通常裁判所は、ＩＭＦ協定第八条第二項ｂ号第一文は典型的な本案判決要件として分類されるべきであるという第二民事部の見解を、それ以降、例外なく踏襲している。連邦通常裁判所第三民事部[104]および第八民事部[105]は、第二民事部の見解を、その後詳しい検討もせずに継続している。連邦通常裁判所第七民事部は、一九七九年三月八日の判決において、新しい解釈をすでに「確立した」ものとして示している[106]。上級地方裁判所[107]および地方裁判所の判例[108]も、連邦通常裁判所が示した道に続いている。文献でも、判例の見解は、当時幅広く同意を得ていた[109]。

ところが、一九九一年の初めに刊行された（日本語訳は一九九五年、ロシア語訳は一九九七年）ミュンスター大学の教授資格論文が、判例の帰結を詳細に検討し、さらにＩＭＦ協定第八条第二項b号第一文全般を比較法的に分析することにより、「unenforceable」という概念は、訴訟法的にではなく、むしろ不完全債務の意味で実体法的に理解することを推奨したときに、初めて変化が生じた(110)。そして、すでに一九九一年の終わりに、連邦通常裁判所第九民事部は、一九七〇年に連邦通常裁判所第二民事部により基礎付けられ、他の民事部によっても採用されてきた「unenforceable」という要件の解釈には修正が必要である旨を示唆した(111)。とはいえ、同民事部は、文献上の新しい見解に従って、「unenforceable」という概念を不完全債務の意味に理解しようとするのか否か、またこの見解とこれまでの連邦通常裁判所の解釈との間の「中道」として、「訴訟障害の抗弁」としてこの要件を分類することを優先するであろうか否かという点を未解決のままにしている(112)。

また連邦通常裁判所第二民事部は、「ブルガリア」判決において「新たに文献上主張されている法的見解」に言及することで、「unenforceable」という概念のドイツ裁判所によるこれまでの解釈に対し明らかに疑問を投げかけている(113)。ドイツ判例による「unenforceable」という概念のこれまでの解釈に疑問の余地があることに連邦通常裁判所の二つの民事部が明示的に言及しているということは、たとえそれが傍論（obiter dicta）で扱われたに過ぎないとしても、重要な兆候である。というのは、この種の傍論は、「不可避なものとされる判例変更の告知」を目的とするものだからである(114)。それゆえ、連邦通常裁判所第七民事部のラインホルト・トーデ（Reinhold Thode）裁判官は、正当にも、次のように指摘している。すなわち、関連する「債権者、弁護士および上告審……は、ただちにこれに対応しなければならない。というのは、連邦通常裁判所は、今後、『unenforceable』という概念を、もはや本案判決要件として分類するのではなく、むしろ文献の提案に従い……不完全債務として実体法上分類するからである(115)」と。

第三節　影　響

連邦通常裁判所第九民事部および第二民事部が、上記のような重要な指摘をするのは、次のようなことを考慮しているからである。それは、「unenforceable」という要件をドイツ法上本案判決要件として分類すると、国際債務危機およびかつて共産主義国であった中欧および東欧諸国のＩＭＦへの加盟の際に露見されたような耐えがたい影響があるということである。

1　基　準　時

国際的な「為替契約」の債権者の見地からみると、特に、どの時点でＩＭＦ加盟国の協定に合致する外国為替管理規定に対する違反が存在しなければならないか、ひいてはいつＩＭＦ協定第八条第二項b号が介入しうるかという問題に及ぼす影響について十分明らかにはなっているとはいえない。通常、本案判決要件の存否の基準時は、――上告審手続まで――最終口頭弁論の時点である。(116) したがって、ある請求を、ＩＭＦ協定第八条第二項b号第一文を根拠に、訴えることができるか否かという点を判断する場合、契約締結時や訴訟提起時は問題とならず、また契約履行時や執行時も問題とならない。むしろ決定的なのは、口頭弁論終結時に事実状況や法的状況がどのようなものかという点である。

それゆえ、連邦通常裁判所第二民事部によって基礎付けられた判例に基づくと、契約が、契約締結時には外国為替法上問題がなかったが、最終口頭弁論の時点で、ＩＭＦ加盟諸国の協定に合致する「外国為替管理規定」に違反している場合に、当該契約は訴求不可能なものとされる[117]。この場合、判例の立場からすると、契約締結後に公布され、口頭弁論終結時まで継続している（遡及効を持つ）外国為替管理規定が問題となっているか否かとか、外国たる外国為替法の公布国が契約締結後に初めてＩＭＦに加盟したか否かという点は重要でない[118]。ドイツでは、第一審で民事訴訟が始まってから上告審（連邦通常裁判所）による終結まで、平均すると四一・八か月かかる。このことを考えるならば、国際的な「為替契約」の当事者が、従来のドイツ裁判所の解釈に従うと、予測不可能なリスクを負うことになるのは明らかであろう。このようなリスクは、他のＩＭＦ加盟国にいる国際契約の当事者が負わなければならないリスクと均衡がとれていない[119]。当事者が、契約締結時の法的状態を固定化するという化石化条項は、ＩＭＦ協定第八条第二項b号第一文の目的からすると、顧慮されない[120]。

ドイツ判例の全容は、ソヴィエトの崩壊後、当時ソヴィエト連邦領域にあった多くの諸国が、ＩＭＦに加盟した際に明白となった。というのは、これらの諸国は、まず自国の支払収支を保護するため、また外貨準備のために、経常的な国際支払取引と国際資本取引に対する制限を固く保持したからである。ドイツの企業や私人が、東欧および中欧諸国がＩＭＦに加盟する前に、それらの新ＩＭＦ加盟国の私人や企業と締結し、それまでＩＭＦ協定第八条第二項b号第一文を適用できなかった「為替契約」に基づく訴訟[121]は、連邦通常裁判所の一九七〇年に基礎付けられた「unenforceable」についての判例によれば、不適法として却下されなければならなかった。このことは、時効法上も中断という結果を生じないことにはならない[122]。連邦通常裁判所は、――すでに述べたように――確かに一九九四年に、ＩＭＦ協定第八条第二項b号第一文は、国際資本流通取引（つまりたとえば長期国際信用供与契約）にもはや適用できず、経常的国際支払取引にのみ適用すると判断した。しかしながら、ドイツ裁判所は、ＩＭＦ協定第八条第二項b号第一文の適用範囲の基準となる「為替契約」という決定的な要件について、ＩＭＦ加盟諸国の他の主要な資本輸出国、つまりイギリス、アメリカの裁判所と比較すると、依然として、非常に広く解釈している。以上のところから、国際契約の当事者には次のようなリスクが生じる。それは、ＩＭＦ協定第八条第二項ｂ号第一文の意味における「為替契約」の当事者には、他の主要なＩＭＦ加盟諸国の裁判所の前で負わなければならないリスクとは比べ物にならないほどの大きなリスクが生じるということである。[123]

2　主張責任および証明責任

「unenforceable」という概念を典型的な本案判決要件として分類することは、主張責任および証明責任の分担にも影響を及ぼす。[124] 本案判決要件の主張および証明責任は、ドイツ法によれば、原則として、有利な本案判決（たとえば判決）を求める当事者、すなわち、通例原告にある。[125]——連邦通常裁判所のように——「unenforceable」を典型的な本案判決要件と理解する場合には、訴訟リスクを必然的に債権者（たとえば信用被供与者や売主）に移転することになる。そうすると債権者は、債務者（たとえば信用供与者、買主）に対して有する自己の債権が「訴求不可能ではないこと」を申し立て、それに疑いがある場合には、証明しなければならない。けれども、このような主張責任および証明責任の分担は奇妙に思える。というのは、たいていの場合、債権者は、外国為替法の公布国に属する債務者ほど、外国たる公布国における外国為替法上の諸々の現実に熟知していないと考えられるからである。[126] 加えて——国際法上唯一拘束力のある——ＩＭＦ協定第八条第二項ｂ号第一文の英語の文言によれば、債権者が訴求可能性に関する要件存否についての主張および証明責任を負うべきではないし、ましてコモン・ローの伝統を有するＩＭＦ加盟諸国の判例上の優勢な見解によっても、一般的に債権者は主張および証明責任を負っていない。[127]

「unenforceable」という概念を訴訟法的に分類することを支持するものは、次の二点を認容している。すなわち、連邦通常裁判所の従来の判例による主張および証明責任の分担は、コモン・ローの伝統を持つＩＭＦ加盟諸国における主張および証明責任の分担とはまったく矛盾している。他方で「国際的な経済取引における主張責任の分担を国際的に調整すること」は、「非常に望ましい」という二点である。[128] けれども、ドイツ判例による主張および証明責任の分担は、ＩＭＦ協定第八条第二項ｂ号第一文の「保護思想の具現」であろう。[129] 憂慮しなければならないのは、この議論において、個々の国際統一法の目的、つまり統一法の統一的解釈・適用という目的（たとえば民法典施行法第三六条、国際物品売買に関する国連条約（国連売買法）第七条第二項）がくじかれており、[130] そしてたとえばＩＭＦの初期の法律部門指導者であるサー・ジョセフ・ゴールドのような、広範に亘り公布国の保護を非常に熱烈に擁護する者でさえ、連邦通常裁判所判例による主張および証明責任の分担を、ＩＭＦ協定第八条第二項ｂ号第一文の目的からみても行き過ぎていると批判しているということである。[131]

3　根拠付けを欠く請求権

国際的に比較してみると、ドイツ法が及ぶ範囲でも、一般民事法上の根拠によれば（たとえば契約当事者が制限的行為能力しか有しないまたは無能力であるため）根拠付けを欠くものとして却下されなければならなかったような訴訟に関しても、辻褄のあわないことが生じてくる。[132] しかしながら、ドイツの裁判所は、これまでの連邦通常裁判所の判例によると本案の裁判を妨げられているので、公布国たる外国の保護に、たとえば無能力者（民法典第一〇四条、第一〇五条）や制限的行為能力者（民法典第一〇六条〜第一一三条）の保護よりも高い価値を認めるにちがいない。[133]

4　担保行為

さらにまだ明らかでないのは、本案判決要件として分類することが、ＩＭＦ協定第八条第二項b号第一文の意味において訴求できない債権を強化すべく設定された付随的担保行為、物的担保、補助行為に対して及ぼす影響についてである。[134] ドイツの裁判所は、増加しているこの問題に取り組んできたが、その場合、一般的な言明や疑問の余地のある類推および信頼性の乏しい構成の中に逃げ道を求めなければならなかった。けれども、そのいずれの逃げ道をみても、「unenforceable」という法律要件を訴訟法的に分類することにはまだ疑問があるように思われる。

5　展　望

ＩＭＦ協定第八条第二項b号第一文の法律効果の分類について解釈する場合に、連邦通常裁判所でどのような方針が採られるかは、まだわからない。法律文献上、「unenforceable」という要件を不完全債務という意味に解釈するという新しい学説は、広く同意を得ている。[135] 比較法から展開され、連邦通常裁判所の二つの民事部から肯定的に採用された「unenforceable」という要件を不完全債務の意味で実体法的に分類するという考え方は、ＩＭＦ協定第八条第二項b号第一文の国際的に統一した解釈・適用を促進し、また効力上の問題をも解決し、そして国際的な「為替契約」の債権者のリスクを、外国為替法の公布国の正当な利益を見失うことなく適切に限定する。それゆえ、ディーター・マルティニ（Dieter Martiny）は、正当にも最終的に次のように確言している。

「もしこのアプローチがドイツの裁判所によって採用されるのならば、少なくとも英米諸国とドイツとの間にある解釈の溝の一部を埋めるであろう」[136]

連邦通常裁判所がこの問題の最終的解決策として何を採るかは別として、「unenforceable」という要件に関するドイツ判例の例が示しているように、何といっても重要なのは、ＩＭＦ協定第八条第二項b号第一文の法律要件を国内法に移し換え、国内の状況に適合させる場合には、国内法制度が持っている固有のダイナミズムや国内法の持つ文脈に与える影響から、国境を越えて行われる取引の制度的条件の変更が行われる場合と同様に、目を離さずに、それらを考えなければならないということである。

(96) フランクフルト・アム・マイン上級地方裁判所一九六九年二月二七日、IPRspr. 1971 Nr. 116a, S. 358, 361.

(97) フランスの見解からは、*Drakidis*, Du caractère "non exécutoire" de certains "contrats du change" d'après les Statuts du Fonds Monétaire International, Rev. crit. d. i. p. 59 (1970) 363.

(98) 連邦通常裁判所一九七一年二月一七日、IPRspr. 1971 Nr. 116 b, S. 362, 363-364.

(99) 連邦通常裁判所一九六四年五月二一日、IPRspr. 1964-65 Nr. 191, S. 574, 577（「……それに従い原告に、ドイツ裁判所によって法的保護が与えられうるか否か……」；次のものもみよ。連邦通常裁判所一九六二年四月一九日、IPRspr. 1962-1963 Nr. 163, S. 523, 525（「けれども、（原告は）ここで……ドイツ裁判所の前で、（被告）に対する判決を得ることはできない……」）.

(100) 連邦通常裁判所一九七〇年四月二七日、IPRspr. 1970 Nr.101, S. 329, 330. 外国為替契約が、ＩＭＦ加盟国の外国為替法に部分的に反しているに過ぎない場合、その限りにおいて、訴求されえないとすべきである：連邦通常裁判所一九九一年一一月一四日、IPRax 1992, 337（本件は利子率に関する）.

(101) 職権による調査は、もちろん職権調査を意味するものではない。職権による調査は、むしろ裁判所に提起されたまたは周知の法的素材に限定している。連邦通常裁判所一九九一年一月三一日、RIW 1991, 513, 514.

(102) フランクフルト・アム・マイン上級地方裁判所一九六九年二月二七日、IPRspr. 1971 Nr. 116a, S. 358, 361.

(103) ハンブルク地方裁判所一九六七年七月七日、IPRspr. 1966-1967 Nr. 192, S. 626, 627；ハンブルク地方裁判所一九五四年一二月二八日、IPRspr. 1954-1955 Nr. 164, S. 467, 470. ハンブルク地方裁判所の新しい判例については、後注(108)の引用をみよ。

(104) 連邦通常裁判所一九七六年一二月二一日、IPRspr. 1976 Nr. 118, S. 342, 343.

(105) 連邦通常裁判所一九七一年二月一七日、IPRspr. 1971 Nr. 116b, S. 362, 364；次のものもみよ。連邦通常裁判所一九七〇年六月二四日、IPRspr. 1970 Nr. 102, S. 333, 334.

(106) 連邦通常裁判所一九七九年三月八日、IPRspr. 1979 Nr. 139, S. 473, 475；同じく、連邦通常裁判所第三民事部一九九一年一月三一日、RIW 1991, 513, 514.

(107) バンベルク上級地方裁判所一九七八年七月五日、IPRspr. 1978 Nr. 127, S. 309, 310；デュッセルドルフ上級地方裁判所一九八九年九月二八日、RIW 1989, 987；デュッセルドルフ上級地方裁判所一九八三年二月一六日、IPRspr. 1983 Nr. 124, S. 307, 308-309；ベルリン宮廷裁判所一九七四年七月八日、IPRspr. 1974 Nr. 138, S. 364, 366；ケルン上級地方裁判所一九九二年四月一〇日、RIW 1993, 938；ミュンヘン上級地方裁判所一九八九年一月二五日、WM 1989, 1282, 1283；ミュンヘン上級地方裁判所一九八六年一〇月一七日、IPRspr. 1986 Nr. 145, S. 346, 348；しかしながら、傍論で他の見解に言及しているのは、ハンブルク上級地方裁判所、WM 1992, 1941, 1943.

(108) ハンブルク地方裁判所一九九二年二月一七日、WM 1992, 1600, 1602；ハンブルク地方裁判所一九九〇年七月二六日、IPRspr. 1990 Nr. 159, S. 317, 318；ハンブルク地方裁判所一九七八年二月二四日、IPRspr. 1978 Nr. 126, S. 304, 305；カールスルーエ地方裁判所一九八四年八月二四日、IPRspr. 1984 Nr. 118A, S. 278, 280；おそらく次のものもある。アーヘン地方裁判所一九八六年五月一四日、IPRspr. 1986 Nr. 119A, S. 279；クレーヴェ地方裁判所一九八九年一二月一九日、IPRspr. 1989 Nr. 173, S. 381.

(109) 文献における学説の状況について詳しいのは、*Ebke*, in：*Staudinger*（前注（12））, Anh zu Art 34 RdNr. 64-70.

(110) *Ebke*（前注（1））, S. 293-308.

(111) 連邦通常裁判所一九九一年一一月一四日、BGHZ 116, 77, 84. 上級裁判所の判例変更およびその効果の詳細については、*Ebke*, Die Rechtsprechung zur "Unklagbarkeit" gemäß Art. IMF VIII Abschn. 2(b) Satz 1 IWF-Übereinkommen im Zeichen des Wandels, WM 1993, 1169.

(112) 連邦通常裁判所一九九一年一一月一四日、BGHZ 116, 77, 84. 訴求不可能性を訴訟障害の抗弁として分類するという考え方に批判的なのは、*Ebke*（前注（11））, WM 1993, 1169, 1174.

(113) 連邦通常裁判所一九九三年一一月八日、RIW 1994, 151. この判決の詳細については、前注（74）に引用されている文献をみよ。

(114) *Thode*, WuB VII B2.-1. 94.

（115）*Thode*, a. a. O.

（116）連邦通常裁判所一九七九年三月八日、**IPRspr.** 1979 **Nr.**139, **S.** 473, 475；ミュンヘン上級地方裁判所一九八九年一月二五日、**WM** 1989, 1282, 1283.

（117）これについての詳細は、次のものをみよ。*Ebke*（前注（2））, **RIW** 1991, 1, 7；*ders.*, Internationale Kreditverträge und das internationale Devisenrecht, **JZ** 1991, 335, 339.

（118）次のものをみよ。*Ebke*（前注（1））, **S.** 282-283；連邦通常裁判所一九六二年四月一九日、**IPRspr.** 1962-1963 **Nr.** 163, **S.** 523, 525-526.

（119）逆に、最終口頭弁論終結前の関連する外国の外国為替管理規定の廃止は、訴求不可能性を除去する。これについて基礎となる次の判例をみよ。連邦通常裁判所一九七一年二月一七日、**IPRspr.** 1971 **Nr.** 116b, **S.** 362, 363 und 364. 次のものもみよ。連邦通常裁判所一九七九年三月八日、**IPRspr.** 1979 **Nr.** 139, **S.** 473, 475；連邦通常裁判所一九七六年一二月二一日、**IPRspr.** 1976 **Nr.** 118, **S.** 342, 346；連邦通常裁判所一九七〇年三月一一日、**IPRspr.** 1970 **Nr.**100, **S.** 327, 329. ＩＭＦ協定第八条第二項b号第一文は、判例によると、外国の外国為替管理規定が、最終口頭弁論終結時に確かに存在するが、それが外国為替法上重要な、国籍、住所の変更または公布国の所轄官庁による取引の許可を理由に最終口頭弁論終結時にもはや介入しない場合にも適用されない。次のものをみよ。連邦通常裁判所一九七六年一二月二一日、**IPRspr.** 1976 **Nr.** 118, **S.** 342, 346. 公布国が、「為替契約」の締結時にはＩＭＦ加盟国であったが、最終口頭弁論終結時に基金にもはや属していなかった場合にも、訴求不可能となる。次のものをみよ。*Ebke*（前注（1））, **S.** 258. 連邦通常裁判所の見解によれば、ＩＭＦ協定第八条第二項b号第一文がもはや適用できない場合には、国内債権者が、口頭弁論終結前に、外国人債務者に対する債権を、債務者国の居住者に譲渡していた場合もある。次のものをみよ。連邦通常裁判所一九七九年三月八日、**IPRspr.** 1979 **Nr.** 139, **S.** 473, 474.

（120）*Ebke*（前注（6））, **S.** 319.

（121）ＩＭＦ協定第八条第二項b号第一文が適用されうるのは、法廷地国も、外国為替法の公布国も、ＩＭＦに属している場合に限られる。

（122）不適法として却下された訴訟は、ドイツ法によれば、時効を中断していない。判例の時効法上の効果について、詳細は次のものをみよ。*Ebke*（前注（1））, **S.** 284-285；*Fuchs*（前注（6））, **S.** 204-205.

（123）*Ebke*（前注（9））, **S.** 90.

(124) 次のものをみよ。*Ebke*（前注（1））, S. 284 ; *ders.*（前注（111））, WM 1993, 1169, 1171–1172 ; *ders.*（前注（117））, JZ 1991, 335, 338.

(125) 次のものをみよ。*Ebke*（前注（1））, S. 283–284. 破棄判決（民事訴訟法第三〇六条）および原告に対する欠席判決（民事訴訟法第三三〇条、第三三五条第一項第一号）の場合、職権により顧慮されるべき本案判決要件についての主張および証明責任は、被告にある。次のものをみよ。*Ebke*（前注（111））, WM 1993, 1169, 1171 Fn. 40.

(126) 適切な理由から、国連売買条約第五四条は、買主に対し、支払いを可能にするあらゆる措置を採り、必要な手続を守ることを義務付けている。この場合に考えられるのは、特に債務者による、債務者国において必要とされる外国為替輸出許可の取得である。次のものをみよ。*von Caemmerer / Schlechtriem,* Kommentar zum Einheitlichen UN-Kaufrecht, 3. Aufl., 2000, Art. 54 RdNr. 5. 買主が、債務を履行しない場合に損害賠償債務から免責されうるのは（参照されるのは、国連売買条約第七九条）、買主が、外国為替の調達のために必要なすべての手続をふんだことを証明しうる場合に限られる。次のものをみよ。*Witz / Salger / Lorenz,* International Einheitliches Kaufrecht, 2000, S. 368 Fn. 22（ロシア連邦国際商事仲裁判断に言及して、一九九五年一〇月一七日の仲裁判決、12 Jl 1992 = CLOUT case 142 = UNILEX, D. 1995-28. 1）.

(127) 詳細については、次のものをみよ。*Ebke*（前注（1））, S. 284 ; *Wegen,* 2(b) Or Not 2(b) : Fifty Years of Questions—The Practical Implications of Article VIII Section 2(b), 62 Fordham L. Rev. 1931, 1941 (1994).

(128) *Ehricke*（前注（66））, RIW 1991, 365, 371.

(129) *Ehricke,* a. a. O.

(130) ＩＭＦ協定第八条第二項b号第一文の国際的な統一的解釈の必要性については、次のものをみよ。*Gold,* Uniformity as a Legal Principle of the International Monetary Fund, 9 Law & Policy Int'l Bus. 765 (1975). 次のものもみよ。*Gold,* The Fund Agreement in the Courts, Bd. IV : Some Problems of the Uniform Interpretation of Multilateral Treaties, 1989.

(131) *Gold*（前注（9））, S. 267–270.

(132) *Ebke*（前注（111））, WM 1993, 1169, 1172.

(133) 次のものをみよ。*Ebke*（前注（1））, S. 285–286.

(134) *Ebke*（前注（1））, S. 288–293.

(135) 次のものだけをみよ。*Thode,* in : *Reithmann / Martiny,* Internationales Vertragsrecht, 5. Aufl. 1996, S. 466 ; *ders.,* Buchbesprechung, ZBB 1993, 53, 54 : *ders.,* Buchbesprechung, RabelsZ 56 (1992) 382, 385 : *Bross,* Buchbesprechung,

WM 1992, 83-84 ; *Wegen*（前注(127)）, 62 Fordham L. Rev. 1931, 1941 (1994) ; *Berger*, Der Aufrechnungsvertrag, 1995, S. 550-551. 次のものもみよ。*Niyonzima*, La clause de monnaie étrangére dans les contrats internationaux, 1991, S. 173. これに対して、依然として、従来の判例に無制限の同意を示しているのは、*Gehrlein*, Ausschluß der Klagbarkeit einer Forderung kraft IWF-Übereinkommen, DB 1995, 129 ; Gehrlein の（部分的に論争的な）解釈に対して、正当にも批判的なものは、*Thode*, in : *Reithmann/Martiny*, a. a. O. S. 466 Fn. 168.

(136) *Martiny*, Buchbesprechung, 26 Int'l Law. 255, 257 (1992).

第五章　国内抵触法にとっての帰結

前章までの叙述では、ＩＭＦ加盟諸国の裁判所がＩＭＦ協定第八条第二項ｂ号第一文を解釈・適用する場合に出されると思われる数多くの困難のいくつかが明確にされている。

第一節　予見可能性と判決の国際的調和

この規定には、本当に明確さと精密さがみごとに欠けている。まさにこのために、当該規定とＩＭＦ加盟諸国における当該規定の解釈・適用とは信用されておらず、実際、この規定はかなりの危険を伴っている。(137) それゆえ、ＩＭＦ協定第八条第二項ｂ第一文を解釈・適用する場合には、常に次の二点に目を向けるべきであろう。まず、この規定は、「国際的な立法者」の作ったものであり、彼らは、ＩＭＦ加盟諸国の法律用語からかけ離れた用語を使用したという点である。第二に、ＩＭＦ協定第八条第二項b号第一文は、ブレトンウッズ協定の作成に参加した諸国の法律家のもとで、その意味について一度も一致をみていない概念を含んでいるという点である。これについて最適の例は、「為替契約」という法律要件である。他方で、ブレトンウッズ協定の作成者は、ＩＭＦ協定第八条第二項b号第一文上の法律要件について、次のような英米諸国の法伝統を借用している。――たとえば、法律効果（shall be unenforceable）がそうである――これは、コモン・ロー上の訴訟法的観念に依拠するものなので、大陸法上の概念に適合させることは、大陸法的伝統を有するＩＭＦ加盟諸国裁判所にとっては当然難しいものである。文言上の問題とならんで、ＩＭＦ協定の内部的整合性（が欠けていること）からも困難が生じている。ＩＭＦ協定第八条第二項b号第一文は、経常的国際支払取引の範囲に含まれる履行の他に、国際資本取引に関する契約も含むのか否かという議論のある問題は、これについてのわかりやすい例である。

整合性に問題があること、また法律上輪郭がなく、それゆえ理解するのが難しい概念を利用しているということから、実務および学問上、ＩＭＦ協定第八条第二項b号第一文の文言を用いれば（たいていの）結果を根拠付けられるという考えが広がりうるであろう。このような考え方は、対外および国民経済上望ましいこと、政策的に目的に合致していること、さらにそれどころか、世界観に基づく態度までも、裁判所の判断領域にしてしまうことになる。このように考えることは、政策的にみれば十分理解されるだろうし、経済政策的にみると、個々の事案においては、おそらくそれ以上に歓迎すべきだということになろう。しかしながら、通貨に関する国際協力という原則に義務を感じている者は、こうした考え方を遺憾に思うだろう。――もっとも、そういう者も、ＩＭＦ協定第八条第二項b号第一文の文言が、決定的な点において、不安定な基準しか提供していないことはわかっている。

ＩＭＦ加盟諸国の裁判所がＩＭＦ協定第八条第二項b号第一文を国際的に統一して解釈・適用するためには、特に、

「為替契約」という概念が明確に定義されることが望まれよう。しかしながら、そのような定義はＩＭＦ協定上欠けているし、また近いうちに理事会による公的解釈が行われることもほとんど期待されえないため、ＩＭＦ協定第八条第二項ｂ号第一文を解釈・適用する場合、ＩＭＦ加盟諸国の裁判所が、そもそも「国際的な立法者」に課されているであろう任務を果たさなければならない。この場合、裁判所は、国際統一法のために展開され、承認されている解釈原則を用いることができるし、用いなければならない。したがって、ＩＭＦ協定第八条第二項ｂ号第一文を解釈・適用するための指針は、特にＩＭＦ協定の目的（ＩＭＦ協定第一条および第四条第一項）、予見可能性および判決の国際的調和、障害のない国際法律交通の保障ならびにＩＭＦへの加盟から生じる義務に反しない限りにおける法廷地の正当な利益の要求、これらである。

第二節　必要とされる調和を達成するための指針

判例は、前述した原則に従う義務を負っており、それを果たさざるをえないため、ＩＭＦ協定第八条第二項ｂ号第一文の「広義」の解釈・適用を導きはしないであろう。他方、「狭義」の、本規定の適用範囲を限定する解釈が、他の基金加盟国との関係において必要とされる調和を達成することができるのは、裁判所が法廷地の国内抵触法を適用する場合に、ＩＭＦ協定一般およびＩＭＦ協定第八条第二項ｂ号第一文が特に述べているのと同様の考慮に導かれる場合またはその限りにおいてである。抵触法によって他のＩＭＦ加盟諸国の協定に合致する外国為替管理規定を自動的に否定することは、外国の外国為替法を実務上自由に扱うことを許容する抵触法と同じく、否定されるべきである。というのは、外国の外国為替管理法を妥協なく顧慮しないとすることは、通貨に関する国際協力というＩＭＦ協定が掲げている要求と矛盾するであろうからである。他方で、例外なく外国の外国為替法を顧慮するということは、公布国に対して、自国外国為替管理規定の必要性の有無を常に検討する刺激となるであろうし、またそれどころか、現行の制限を厳しくしたり、さらなる制限を導入しようとすることさえ、奨励することになるであろう。[138] ゆえに、一九八〇年六月一九日の契約債務関係の準拠法条約第七条第一項が目的としているのは、正当な方向に思われる。[139] しかしながら、諸国が、契約債務関係の準拠法条約第七条第一項に対する留保を明らかにしている限り、[140] それらの諸国の裁判所は、国内抵触法を作り出し、展開する場合に、前述の指針を顧慮すべきであろう。[141] IMF協定第八条第二項b号第一文が及ばないところで、まさにそこで、他のIMF加盟諸国の協定に合致する外国為替管理法に対しどのような立場を採るのか原則として未解決なままにすることが甘受されうるのは、確かに次の場合に限られよう。すなわち、IMFが、現存する外国為替管理規定を維持、強化および破棄したり、新しい外国為替法上の規定を導入したりするための国際法上の基準が遵守されているか否かを監視している場合である。

第三節　第三国に対する関係

IMFに属していない国の外国為替法に対して、特別連結に従いIMF加盟諸国の裁判所によって効力が付与されるべき場合は、次の場合に限られよう。すなわち、（1）当該外国為替法上の規定が適用される意思を有していること（2）当該外国為替法上の規定が、通貨に関する国際協力という要請（international monetary cooperation ; coopération monétaire internationale）に合致していること（3）公布国と事実関係との間に「真正の連鎖」つまり「密接な関係」のあること（参照されるのは、契約債務関係の準拠法条約第七条第一項第一文）および（4）具体的事案への適用が、法廷地法上の根本的原則、特に基本権に明らかに矛盾するであろう結果を導かないこと（参照されるのは、民法典施行法第六条）[142]。――何人かの著者によってさらに要求されている[143]――法廷地国と公布国との、一定の利益の同一性（shared values）の存否は、国際外国為替法上分離されて検討されるのではなく、むしろ特別連結のために予め挙げられた基準の枠組みの中で検討されるべきである。というのは、利益の同一性は、通貨に関する国際協力という原則の構成要素であるからである。ＩＭＦ非加盟国が外国の外国為替法を顧慮する場合も、第三国の外国為替法が問題となっているのか、あるいは債務準拠法に属する外国の外国為替規定が問題となっているのか否かということによって、違いを設けてはならない。債務準拠法に属する、国際的に適用意思のある外国の強行規範を顧慮することは、今日正当にも、広範囲に亘り否定されている。それゆえ、外国の外国為替法に対しては、それが判断されるべき契約債務関係を支配している国の法に属する場合でも、特別連結理論を徹底して適用し、原則として、第三国の外国為替法に対するのと同じ要件を充足する場合に効力が付与される[144]。しかしながら、判断を下す裁判所が、たとえ抵触法上の解決策が実行できないとしても、適切な判断のために、外国の外国為替法上の規定が判断されるべき法律関係に及ぼす現実的影響を、実体法上顧慮することはかまわない[145]。

(137) *Mann*（前注(90)）, *JZ* 1991, 614, 615.

(138) ＩＭＦ内部における現存する外国為替管理規定の維持および新たな外国為替管理規定の導入の許容性については、次のものをみよ。*Ebke*（前注(1)）, *S.* 55-86; *Edwards*（前注(26)）, *S.* 389-428.

(139) 契約債務関係の準拠法条約第七条第一項は次のように定めている。
「ある特定の国の法を、本条約に基づき適用する場合に、事実関係と密接な関係を有する他の国の強行規定に効力が付与されうるのは、この規定が、前述の国の法によれば、当該契約がいかなる国の法に服するかを顧慮することなく、適用されるべき場合に限られる。強行規定に効力を付与すべきか否かを判断する場合には、その規定の性質、対象ならびにその規定の適用または不適用から生じる効果が顧慮されなければならない。」

(140) これについては次のものをみよ。*Ebke*, Erste Erfahrungen mit dem EG-Schuldvertragsübereinkommen, in: *von Bar* (Hrsg.), Europäisches Gemeinschaftsrecht und Internationales Privatrecht, 1991, S. 77, 93.

(141) *Ebke*, in: *Staudinger*（前注(12)), Anh zu Art 34 RdNr. 87-89.

(142) *Ebke*, in: *Staudinger*（前注(12)), Anh zu Art 34 RdNr. 87.

(143) 国際外国為替法の特殊性は、*Schefold*, in: *Schimansky/Bunte/Lwowski*, Bankrechts-Handbuch, Bd. III, 1997, S. 3354.「利害同一性」原則の基本については、*Großfeld/Rogers*, A Shared Values Approach to Jurisdictional Conflicts in International Economic Law, Int'l & Comp L. Q. 32 (1983) 931. アメリカ合衆国で、この利益同一性原則は、抵触法実務において、今日までに、顧慮されていないも同然である。次のものをみよ。*Rogers*, A Comment on the Extraterritorial Application of American Law in the 1990's, in: Festschrift für Bernhard Großfeld, 1999, S. 901.

(144) この意味におけるものには次のものもある。*Kropholler*, Internationales Privatrecht, 4. Aufl., 2001, S. 486.

(145) 同じく、*Kropholler*（前注(144)), S. 486-487.

質疑応答

御質問戴く前に、まず触れておきたいことがあります。今朝のニュースで、アメリカ合衆国が今年九月一一日に発生した同時多発テロに対する措置の一環として、事件関係者のアメリカ合衆国内にある銀行口座について資金凍結命令を出したという報道がありました。この凍結命令の根拠はアメリカ合衆国の行政法です。私法上の契約の効力が行政法の規制を受けるという、皆さんがよく御存じの事例です。この状態を認めるか否かは、ＩＭＦ協定第八条二項ｂ号の解釈によります。同号の解釈に関する各国のこれまでの裁判例をみると、今回の措置についても、日、欧、米などの裁判所で異なる見解が採用され、違った判断が下される可能性があります。このニュースは、本日の講演テーマがいかに現代的な課題であるかということを何よりもよく示す例といえましょう。

――外国為替に対する管理が法律問題として重要性を持つのはなぜでしょうか。

為替管理に関する法律問題を理解する際のポイントは、自国の市場を外国の投資家に対してどれだけ開放すべきか、どの程度開放してもよいかといった政策的な判断です。国内産業が外国資本に対して弱いときは、外国資本の支配から国内市場を守るために、外資の導入を制限します。逆に、国内資本が投資環境の有利な外国に流出することによって国内市場が空洞化する国でも、資本流出を防ぐために資本の流出を規制する為替管理が行われます。こうした管理を国内法や条約法によって行うのが法治国家です。皆さんのように、国際企業関係法学科という現代のニーズにあったコースで若いときからマクロ経済学や国際金融論を学修しながら国際私法、国際取引法や国際経済法を勉強できるのは、大変すばらしいと思います。為替管理は、経済問題と法律問題が密接に結びついている領域なので、両方の分野の専門知識がなければ、この問題を適切に理解することも解決することもできないでしょう。

為替管理の歴史自体については多くの参考文献がありますので、それらをみてください。ここでは重要な点のみに限定します。特に一九八〇年代後半に、人、物、資本、サービスすべてが国境を越えて流出する傾向が顕著になりました。まるでゲームのような状態でした。その結果、犯罪組織によるマネー・ロンダリング、企業の租税回避など病理的現象に対する法的規制をもっと強化すべきだという意見が聴かれるようになりました。マネー・ロンダリングというのは、たとえば、麻薬取引や人身売買、武器取引などで得た資金をロシアや白ロシアの金融機関に一時移したあと、そこから預金を引き出すというやり方で、汚れた資金をクリーニングする行為です。マネー・ロンダリングを目的として南米へ資本を移す犯罪組織もあります。このように、投資という形式の反復による資金洗浄といった状況に歯止めをかけるためにも、資本流出に対する規制が必要となりました。国家の通貨を保護しよう、ということです。こうした実務上の時代背景の変化により、為替管理法が重要視されるようになったのです。

――国際外国為替法としてIMF協定という統一法ができたことで、国際私法の重要性は薄れていると思います。それにも拘わらず、国際外国為替法を考える上で国際私法がわれわれ学生や先生にとって重要なのはなぜですか。

比較法が必要だからです。IMF協定に加盟している一八七か国の言語はさまざまです。統一された国際条約法であっても、正文の表現が各加盟国の言語に翻訳されたり、それぞれの条文に表現されている白地表現について加盟諸国の国内裁判所で異なる解釈が行われれば、実際には、加盟国間で法の概念も違うものになってしまいます。統一法を意味のあるものにするには、法文の文言を統一するだけでなく、法文の解釈を統一することも必要です。解釈を統一するためには、各国の解釈の間に差異があるか否か、どのような差異があるのか、そうした差異を解消できるのかといった多くの問題を考えなければなりません。そのためにも、比較法が大切になってくるのです。

――IMF協定第八条第二項b号第一文の適用範囲を示す「為替契約（exchange contracts）」という文言につ

いて、ドイツが近時、従来の広義の解釈を限定解釈に変えたといわれました。それはなぜですか。

時代背景によるというのがお尋ねに対する答えです。国内法の場合と同様に、条約法の解釈も時代の変化に合わせて変わることがありますから。ドイツでは、第二次世界大戦後、急激なインフレが起こりました。そうした厳しい経済状況のもとで、ドイツは世界の仲間入りをしなければなりませんでした。そのためには、国内法の整備が必要でした。商法や取引法を含む私法の分野も整備の対象となっていました。当時、国際的に活動し輸出業務に従事していたドイツの会社は、おそらく二社だけだったと思います。イギリスやアメリカ合衆国では、多くの輸出会社が世界各国へ進出していました。その中には国際的なマネー・ロンダリング・ファンドもあります。ドイツはドイツの銀行を守り、ドイツの預金者を外資の支配から守る政策を採らなければなりませんでした。当時のこのような社会情勢のもとでは、この文言を広義に解釈することが必要でした。しかし、その後ドイツにも多くの国際的な輸出会社が出現し、世界各地へ進出するようになりました。一九八〇年代になると、ドイツはロシアに対する債権者として大きな地位を占めるようになりました。一九九〇年代に入ってからも、ドイツの資本は積極的に海外に進出し続けています。

ドイツの裁判所は、一九九〇年代の国際的な資金の動きをみて、従来の広義の解釈を限定解釈に変更したいと考えました。むろん、自国の預金を保護しようと考えたからです。そのために、時代背景に合わせて都合のよい解釈を採ったのです。社会的な動きをみると、イギリスやアメリカ合衆国といった主要な資本主義国は限定解釈を採っていました。そこで、どうしてドイツもそうしないのかという疑問が出されていました。ドイツでは、裁判所は法的解釈を比較的容易に変えることができます。そこで、これら先進工業国の裁判所の考え方に同調するかたちで、裁判所自体の判断で、この規定の解釈が変更されました。このようなドイツの裁判所による解釈の変更には別の意味もあります。それは、ＩＭＦ協定の文言を改定するように国際通貨基金に対して圧力をかけるためであり、それによって、資本取引のあり方を変えると同時に、時代に適合する新しい為替管理の原則を作るためです。

——統一法であっても、ＩＭＦ協定第八条第二項ｂ号第一文の解釈に違いがあるということですが、どのような場合が問題になるのですか。

具体的な例を通して、ある取引がこの規定にいう「為替契約」にあたるか否かの判断基準について考えてみましょう。

①日本にいるＡからドイツにいるＢが一〇〇万円借りました。Ｂはその一〇〇万円を二年間持ち続け、そのままＡに返しました。これは為替契約にあたりますか。あたらないでしょう。それでは、②Ｂは、Ａから借りた一〇〇万円を、同価値のドイツマルクに変えてＡに返しました。これは為替契約にあたりますか。あたるとも考えられます。③Ａはロンドンにある B 社から二五年契約で保険契約を締結しました。つまり、ＡはＢからサービスを買いました。その保険料は円で支払われました。二五年後、ＡはＢから円建てで当該保険金を受け取りました。これは為替契約にあたりますか。また、④日本の自動車会社ホンダ（本田技研工業株式会社）が、ドイツのＢ社からＢＭＷを一〇〇台受け取りました。それは、Ｂ社に代わって日本で売るためです。これは為替契約にあたりますか。その判断基準は何ですか。金銭の消費貸借の場合、返すときの貨幣は借りた当時のそのままの貨幣ではあ

りません。借りたお金は運用されたり物を購入したりして、価値は同じであっても、最初の通貨とは違う通貨に変わっています。また、サービスはお金ではありません。ＩＭＦ協定のこの規定によれば、そこにいう「為替契約」は「通貨に関する」ものであるとされています。皆さんはこの文言をどのように解釈しますか。「通貨に関する為替契約」に消費貸借契約や保険契約も含まれますか。このように、いくつもの疑問がこの表現に関連して生じてくるのです。

それでは、もっと複雑な事案を考えてみましょう。Ａが外国にいるＢから一〇〇万円借りました。Ａはそれを他の貨幣に交換したり使ったりせずに、そのまま銀行へ預けました。これは為替契約にあたりますか。また、Ａ社から外国のＢ社に対してプレゼントを贈る代わりに、別の件でＡ社がＢ社から借りたお金を返さなくてもいい、という契約は為替契約にあたりますか。アメリカ合衆国の裁判所の解釈によれば、「通貨に関する為替契約」とは通貨を交換する契約とその目的たるモノ自体に関係する契約の二つの契約から成り立ちます。しかし、ドイツの裁判所ならば、これとは異なる解釈をするかもしれません。また、発展途上国ならば、もっと違った解釈を導くかもしれません。

―― ＩＭＦ協定第八条第二項ｂ号第一文は抵触規定でしょうか。取引規制の第一段階である国際的な資金貸付契約を考えると、前提として私法の抵触が生じていなければならないはずですが、そうした私法の抵触は生じているといってよいのでしょうか。

御指摘の通り、私法契約に対してどの国の法が適用されるかを決めるのが抵触法の原則です。為替契約では、そうした問題を解決する統一法がないので、抵触法が必要になります。確かに、為替契約については私法の抵触はみられません。また、ＩＭＦ協定第八条第二項ｂ号第一文がそもそも抵触法なのか実質法なのかという点もまだ明らかではありません。各国の定める外国為替規定の法的性質が公法であることを考えれば、外国公法不適用の原則も考慮しなければなりません。このように不明な点が多い中で、為替契約において何が起きているのかについて考えなければならないので、国際外国為替法は大変難しい分野になっています。

――ＩＭＦ協定第八条第二項ｂ号第一文では「exchange contracts」の解釈の他にも「shall be unenforceable」の解釈に関わる言葉の問題があるようですが、この点が問題となるのはなぜですか。

この協定が作成されるときに関係者が不明瞭な言葉を用いていたことが最大の理由だと思います。解釈者は誰でも自分にとって都合のよいように個々の文言を解釈しているからです。かりにＩＭＦ協定の作成に賢明な法律家が参加していたら、このような言葉の問題は生じなかったのではないでしょうか。この規定において「unenforceable」という言葉の意味は重要です。しかも、この言葉の解釈はコモン・ローと大陸法とで違います。もともと、この協定の草案はケインズによってコモン・ローとして成文化されました。つまり、「unenforceable」という言葉は当初からコモン・ロー上の概念として使われていました。しかし、この協定に加盟しているその他の国で、この言葉を自国の言葉に翻訳する人は必ずしもコモン・ローの概念に習熟しているとは限りません。一九四五年当時、立法者は、協定上の文言が異なって解釈されるといった事態を考えもしませんでした。しかし、その後になって、この種の問題が露呈してきたのです。「unenforceable」という言葉はコモン・ローでは訴訟法上の概念ですが、大陸法では実体法上の概念であるとみることができます。こうした決定的な違いは、協定を作成した法律家の中に大陸法の専門家が一人でもいれば防ぐことができたと思います。

――ＩＭＦ協定第八条第二項ｂ号第一文を国内法化している国の国内法がＩＭＦ協定違反と判断された事例はありますか。

そのような事例はとても限られています。一九四五年にＩＭＦが発足してからいくつかのケースがありました。問題は、非加盟国の為替管理に関する国内法をどのように規制していくかという点にあります。

――ＩＭＦ協定第八条第二項ｂ号第一文の要件を充足しているか否かの判断はどの時点で行われるのですか。国際的な貸付契約の締結時点など、いろいろな時点が考えられると思いますが、この点が協定上明確ではないと思いますが。

御指摘の点についてはいろいろな意見があります。資本が動いた時点や契約が締結された時点などがそうです。この点に関する見解の相違は、結局、この規定にいう「為替契約」を厳格に解釈するか、それとも広く解釈するかによって違ってくるものではないかと思います。

――ＩＭＦ協定第八条第二項ｂ号第一文によれば、為替契約の効果はその契約がすべての加盟国の、協定に合致した外国為替管理規定に違反していないと判断されなければ認められないということですか。

違います。すべての加盟国の外国為替管理規定に適合していなければならないということではありません。この点は特定の加盟国における国内法上の原則に従って判断されます。ただ、こういったからと言って、外国法に公法は含まれないと考えないでほしいのです。これに関連して考えて戴きたいのは、通貨の交換がＩＭＦの支配下に置かれているのかどうかという問題です。もし犯罪者を使って通貨を交換していたらどうなるのでしょうか。このように、国際外国為替法の分野では、未解決の争点がたくさん残されています。ぜひ皆さんもこの分野を積極的に勉強して、ひとつでも多くの問題を解決して戴きたいと思います。

〔付記〕右の講演原稿は、*Ebke*, Das Internationale Devisenrecht im Spannungsfeld völkerrechtlicher Vorgaben, nationaler Interssen und parteiautonomer Gestaltungsfreiheit, ZVglRWiss 100 (2001) 365-395 として公表されている。

ドイツおよびヨーロッパにおける法曹教育

――アメリカ合衆国の教育モデルは参考となるか――

Juristenausbildung in Deutschland und Europa :
Lehren aus dem US-amerikanischen Ausbildungsmodell ?

山内惟介訳

目次

第一章　はじめに

法曹教育（Juristenausbildung）というテーマはドイツ[1]でもヨーロッパ[2]でも長らく論じられてきている。法曹、法曹教育を受けた政治家、法務大臣、弁護士団体、そして法律学の教授、法学生自身、その誰もが近年特に集中的に取り上げているのが、将来の法曹教育をどのように改革できるか[3]という問題である。最近の論議の背景には、特に次の二つの発展がある。まず、ヨーロッパ連合（EU）加盟国間の統合がますます進んでいる。次に、経済および法のグローバル化[4]がある。グローバル化とEU統合の影響を法も法学研究もますます強く受けている。グローバル化とEU統合の結果、さらに、法のグローバルおよび国際的な局面、法比較、将来の法曹教育における学際性、これらをこれまで以上に強く顧慮することが不可避となっている。[5]法曹教育に課された責務と法曹教育が掲げる目標については、今日、ヨーロッパでもアメリカ合衆国[6]でも検討が行われている。

ヨーロッパにおける法曹教育の改革に関する研究をみると、アメリカ合衆国での法曹教育の体験は往々にしてあまり考慮されていない。それは、アメリカの法曹教育が多くのヨーロッパ人、特にヨーロッパ大陸に住む者には「きわめて異質なもの」とみられているからである。まるで「不可解な謎」であり、真似するには適していないと思われているようである。[7]けれども、法曹教育に関する論議で大切なのは、他国の教育システムを画一的かつ無批判に真似ることではない。比較法において一般に行われているように、教育システムの比較に意味があるのは、当該国のシステムをその国の経済的・社会的・政治的および歴史的な制約条件に照らして眺める場合だけである。そのためには、グロスフェルト教授が正当にも繰り返し強調しているように、「法規範の文化的背景に」手を付けなければならない。(8) この意味での文化的背景には、社会における法の役割に関するそれぞれの社会の考え方(9)も、法に関わる職業に携わる者の社会における働き(10)も含まれる。

ヨーロッパの目からみて、アメリカ合衆国の法曹教育システムが関心をそそるのは、やはり、アメリカ合衆国の諸大学が多数の法秩序を有する大規模な域内市場を顧慮して法曹教育をしなければならないからである。そこで克服されるべき課題にさらされているのは、ヨーロッパ連合加盟諸国の法学部もまったく同様である。このほか、外国人からみて、アメリカ合衆国で法曹教育が重視されているのは、合衆国の諸大学がヨーロッパの諸大学と同様、新しいテクノロジーの挑戦と経済のグローバル化に対する準備を学問的にも調えなければならず、また、アメリカ合衆国の諸大学が教育すべき内容を絶えず改革し補充することで法学教授に求められるイメージの変化に対応しなければならないからである。外国の法曹にとってアメリカ合衆国の教育システムが特に緊張感を持たせるのは、そうしたシステムが大学院レヴェルの多くのコース（たとえば、Master of Laws-Programmen）に在籍する学生に対して強い魅力を与えているからであり、そうした魅力は弱まることがない。ヨーロッパの優秀な法曹は、ずっと以前から、アメリカ合衆国の一流大学のロースクールで「最後の仕上げ」を行ってきている。ニューヨーク大学ロースクールには数年前にグローバル・ロースクールが開設された。そこでは、グローバル化がもたらす諸現象が法曹教育において魅力的かつ効果的なやり方で取り上げられていた。(11)

以下では、世界のさまざまな変化の影響が法曹教育にどのように及んでいるかを取り上げたい。この講演の目的は、法曹教育の中で偶然性に左右されない部分を手がかりに、法曹教育が将来どのような方向に進むべきかを明らかにすることにある。そのためには、まずドイツの法曹教育の要点が素描されるべきであろう（第二章）。続けて、アメリカ合衆国の法曹教育に照明が当てられる（第三章）。最後に、将来を見据えた法曹教育はどのようなものとなり得るかという問題を検討しよう（第四章）。

（1） ドイツについて参照されるのは、たとえば、*Justizministerium Baden-Württemberg* (Hrsg.), Brauchen wir eine neue Juristenausbildung ?, 1991 ; *Lührig,* Die Diskussion über die Reform der Juristenausbildung von 1945 bis 1995, 1997 ; *Großfeld,* Thesen zur Ausbildungsreform, Recht und Politik 1990, 86 ; *ders.,* Examensvorbereitung und Jurisprudenz, JZ 1992, 22 である。

（2） *De Witte / Forder* (Hrsg.), The Common Law of Europe and the Future of Legal Education, 1992 ; *The European Law Students' Association,* Guide to Legal Studies in Europe 2000-2001, 2001. 参照されるのはさらに、*Shaw,* From the Margings to the Centre : Education and Training Law and Policy, in : *Craig / de Burca* (Hrsg.), The Evolution of EU Law, 1999, S. 555 である。

（3） 学生側からみた法律学学修の改革について参照されるのは、たとえば、*Bargel / Multrus / Ramm,* Das Studium der Rechtswissenschaft. Eine Fachmonographie aus studentischer Sicht, 1996 である。

（4） *Großfeld / Willoweit,* Juristen für *Europa,* JZ 1990, 605 ; *Ebke,* Globalisierung : Wirtschaft und Recht, in : *Krystek / Zur* (Hrsg.), Handbuch Internationalisierung, 2001, S. 125.

（5） *Ebke,* Renaissance-Juristen und -juristinnen für das 21. Jahrhundert, JZ 1996, 995 ; *Drolshammer,* Internationalisierung der Rechtsausbildung und Forschung - Eine Agenda für die interdisziplinär ausgerichtete Ausbildung zum in Wirtschaft und Management tätigen International Lawyer, in : Bibliothek zur Zeitschrift für Schweizerisches Recht, Beiheft 35, 2000.

（6） 参照されるのは、たとえば、*van Alstyne / Julin / Barnett,* The Goals and Missions of Law Schools, 1990 ; *American Bar Association,* Legal Education and Professional Development–An Educational Continuum (Report of the Task Force on Law Schools and the Profession : Narrowing the Gap), 1992 である。

（7） 多くの観察者に注目されているように思われるのが、おそらくは法学教育におけるソクラティック・メソッド（*socratic method*）である。参照されるのは、*Klein / Weavers,* Fallmethode oder systematische Stoffpräsentation ?-Zu den

Lehrmethoden an amerikanischen und deutschen Rechtsfakultäten, JuS 1993, 272 である。ソクラティック・メソッドが魅力的である理由を付言すれば、むろん、この方法の設定している目標が、教える側にとっても学ぶ側にとっても、伝統的な「講義」と学生による復習に基礎を置く教育システムよりもずっと高いからである。*Ebke*, Die Juristenausbildung in den USA, in : *Justizministeirum Baden-Württemberg* (Hrsg.), Brauchen wir eine neue Juristenausbildung ?, 1991, S. 42, 54-55.

（8）参照されるのは、*Großfeld*, Sinn und Methode der Rechtsvergleichung, in : Festschrift für Otto Sandrock, 2000, S. 329, 337 のみである。

（9）参照されるのは、*Finkin*, Employee References : A Very Small Study in Comparative Law, in : Festschrift für Bernhard Großfeld, 1999, S. 265, 273-274（そこで言及されているものとして、*Hamilton/Sanders*, Everyday Justice : Responsibility of the Individual in Japan and the United States, 1992, S. 3）である。

（10）それゆえ、こうした十分な理由があって始められ、数年前から英語で刊行されているのが、以下の『ドイツ法入門』である。これには、ドイツにおける法および法曹の役割についての説明も収められている。*Zimmermann*, An Introduction to German Legal Culture, in : *Ebke/Finkin* (Hrsg.), Introduction to German Law, 1996, S. 1.

（11）著者はニューヨーク大学ロースクールにおけるこの講座の（最初でかつこれまでのところ唯一の）担当者（Global Professor of Law）である。

第二章　ドイツの法曹教育

ドイツの法曹教育の根幹は立法で規定されている。将来の「有資格法曹（Volljuristen）」に求められる条件を統一すべく、ドイツ連邦共和国の立法者たる連邦議会はドイツ裁判官法（Richtergesetz）に裁判官資格の基本的要件を定めた。この連邦法上の諸基準で決められているのが、「古典的意味での」法律職（特に弁護士職と行政機関で働く法曹）に就く者の教育と試験である。各ラントの責務は、連邦法上の諸基準の枠内で法曹教育令・法曹試験令（Juristenausbildungs- und Prüfungsordnung）に即した法曹教育の細目を定めることである。ラントに権限があることからラント間に生じる差異は、教育内容、学修計画、受験条件、裁判所・検察庁・行政庁・弁護士会での強制的な実務教育（司法修習）などに現れている。実務教育に先立ち、大学では後継者のための専門教育が行われている。法曹教育が大学で行われる学問研究に関する部分と実務でなされる法の適用を志向した部分とに二分されている点は、今日、どのラントにも強制されている。二〇世紀の一九七〇年代から一九八〇年代にかけてドイツの多くの大学（たとえば、アウクスブルク、ビーレフェルト、ブレーメン、コンスタンツおよびトリアー）で試みられたいわゆる一段階法曹教育（すなわち、六年間の教育に学問的な基礎教育と実務への応用教育が統合されている）が失敗したのは政治的状況のせいであった。しかし、この一段階法曹教育は多くの観察者によって成功しかつ将来性あるものとみなされ、ドイツでの法曹教育改革に関する今日の討議でもなお話題になっている。法曹教育における国家的基準、すなわち、国の法曹資格試験実施官庁により組織された国家試験と国による実務修習を通して国が成年の法学教育に影響を及ぼすというこの考えは、確かに、ドイツ連邦共和国のような連邦国家では、法曹教育の内容・構成・目標設定・質の統一を促すものであった。民間の「ロースクール」の開設も可能ではあったが、当時はたったひとつ、ハンブルクのブツェリウス・ロースクールだけしかなかった。このロースクールで法学を学び、卒業試験に合格すれば、法曹になるための国の準備コース（司法修習生）に入る道が開かれていた。いくつかの私立大学（たとえば、ノルトラインヴェストファーレンのヴィッテン・ハーデッケ大学）には、民間資金による法学の講座もあった。

第一節　コースおよび資格

ドイツの法学部や法学科では、将来の法曹資格者に対して学問的視点から教育が行われる。また、法学部は大学院レヴェルでも多くのコースを設けている(12)。

1　基礎教育

ドイツのどの法学部（法学科）も法曹資格を得るための法学学修コースを設けている。その学修には少なくとも七ゼメスターが必要であり、第一次司法国家試験の合格（資格）をもって終了する。学修期間の長期化を避けるため、数年前から多くのラントで刺激策（「受験時期選択の自由（Freischuß）」）が設けられた。これによると、八ゼメスター終了後に第一次司法国家試験受験を届け出た学生は、自己の得点に受験者自身が満足しないかまたは不合格のときは、再受験できる。このルールにより、受験者は再挑戦できるので、受験のリスクを操作できるようになった。この「受験時期選択の自由」ルールで学生は鷹揚になったが、これにより、試験をする側の負担はかなり増えることとなった。第一次司法国家試験はかなりの難関で、不合格率も高い（二五パーセントから三〇パーセントの間である）。

2　大学院コース

ドイツの多くの法学部は、このほか、「真正の」学位をも用意している。特に挙げられるのは、ドイツ以外の国の大学を卒業した者のための上級コース（Aufbaustudiengänge）である。そこで得られるのはたいてい法学修士号

(Legum Magister, LL.M.) である。いくつかの大学(たとえば、コンスタンツ)では、ほかにも、法学生が経済学や学際領域の上級コースに参加することができる。そうしたコースの修了には普通一年間かかるが、これらのコースは好評であり、需要も増えている。他の諸大学で用意されている大学院コースの重点科目には、ヨーロッパ法(たとえば、ザールブリュッケン)やその他の法分野(たとえば、経済法・租税法)がある。

3 交換プログラム

ヨーロッパ連合が用意してきた多くの交換プログラム(エラスムス、ソクラテス、パラス)により、ヨーロッパ連合加盟国および若干のヨーロッパ連合以外の国の法学生にも、ドイツの大学で一ないし二ゼメスター、法学を学ぶ可能性が開かれた。これらの交換プログラムでは一般に学位は取得できないが、学生がドイツで得た成績証明書が本国で承認される。このことで交換プログラムの魅力が高まるとともに、第一次司法国家試験受験前の外国滞在により本国での学修期間が延びるようになっている。

ドイツの法学部が交換プログラムを利用する頻度はますます高まっている。その目的は、交換プログラムを上級コースに一本化することにある。たとえば、コンスタンツ大学とレーゲンスブルク大学は連合王国のオクスフォード大学と交換プログラムを持っている。これにより、オクスフォードの法学生は最初の学位である法学士号(Bachelor)をオクスフォードで取得する前に一年間ドイツの提携大学に来ることができるようになっている。その年度に取得した成績証明書は一定の条件下で、後日卒業する予定の提携大学の上級コースで換算されることができる。最も有利な場合、学生は、法学修士号取得に必要な成績証明書を本国の大学で法学士号取得前にすでに取得することができる。オクスフォードの学位を取得した後、ドイツで法学修士号を得るために学生がしなければならないのは、ドイツ側の提携大学で修士論文を書き、口述試験を受けることだけである。他の諸大学（たとえば、ケルン）はフランスの諸大学と統合プログラムを持っている。これらのプログラムにより、ドイツの学位のほか、フランスの学位も取得されている。

4　博　士　号

ドイツのどの法学部でも、法学博士号（Dr. jur.）を取得することができる。博士号授与の要件としては、通例、少なくとも第一次司法国家試験で平均以上の成績を採り、ゼミナール合格証（Seminarschein）を得ていなければならない。いくつかの大学では、このほか、ラテン語の知識が必要とされている。ドイツ以外の国で卒業した法曹が博士論文作成資格を得るには、第一次司法国家試験に相当する法学の学位を取得し、本国の大学で博士論文を書く資格を有し（相互主義）、ドイツ語の十分な知識を持っていることが必要である。多くの大学でさらに要件とされているが、ドイツ以外の国で卒業した法曹が法学修士号コースに合格して卒業するには、その前に、この者が法学博士論文作成資格者とみなされる必要がある。いくつかの大学では、博士論文をドイツ語以外（たとえば、英語）で作成できるが、博士論文作成資格者の指導者がそれを了解している旨、明らかにされる必要がある。

博士論文作成資格者の数はドイツではこの数年来増え続けている。というのは、弁護士会が、博士論文合格といった特別の学問的資格の証明書をますます重視するようになっているからである。これに加えて、司法修習教育の場に対する需要が増えたことから、かつて繰り返されたように修習候補者に待機期間が生じ、待機期間を利用して多くの若い法曹が博士論文を作成しようと試みているからである。特に、ドイツの若い法曹で、第一次司法国家試験合格後にヨーロッパやヨーロッパ以外の国の大学で大学院コースを卒業する準備を始める者が増え続けており、ドイツでの博士論文のテーマも増える一方である。というのは、法比較研究を行う博士論文には外国での滞在を組み合わせるのがベストだからである。

第二節　弁護士資格取得要件

法律職に就く許可を得るには第一次司法国家試験（修習生採用試験）の合格という資格のほか、第二次司法国家試験（上級公務員採用試験）に合格しなければならない。第二次司法国家試験は司法修習期間の最後にあり、これによりすべての法律職（弁護士、法務省、検察官、公務員など）への道が開かれている。

第二次司法国家試験は大学教授職に就く要件ではない。もちろん、第二次司法国家試験を受験していない者は、大学教授資格取得論文作成者ほど良い法曹とは考えられていない。第二次司法国家試験の合格が支持されるのは、後日学生の指導に役立つある種の実務経験が将来の大学教授にも期待され得るからである。現在検討されているのが、いわゆる「若手教授（Juniorprofessoren）」制の導入である。この制度では、博士論文合格後に大学教授資格取得論文を作成していなくても、比較的長期間の経験で「正（Voll）」教授資格を得られるが、「若手教授」としての仕事は大学での法学教育に制限されている。もちろん、現行法上、大学教授資格取得論文がなくても、教授職に就くことはできる。法学教授職に就く要件はこの場合「大学教授資格取得論文に相当する業績」である。その前提には、一般に法律職で（たとえば、控訴審および上告審での裁判官として）長い経験があり、広範囲の出版活動をしているという理解がある。法学部では（自然科学系の諸分野と異なり）大学教授資格取得論文を書いていない者の任用はこれまでのところむろん例外である。

第三節　学生数

ドイツの法曹教育は、長い間、学生数が絶えず増え続けていたために、制約を受けていた。特にドイツ統合後に新しいラントで法曹の需要が強まり、法学生の数も急激に増えた。しかし、この数年間、その数は若干減少している。減少には多くの理由がある。ごく一部を挙げれば、試験の成績が低位や中位の合格者には将来の職業としての見通しが悪くなっていること、法学部以外にも進路選択の可能性（たとえば、単科大学）が増えるとともに法曹教育の将来に関して不安定要因があることなどがある。法学生のほぼ半分は女性である。

第四節　教授陣

法学生の教育に責任を負うのはまずもって教授である。教授は古典的なやり方で講義（Vorlesungen）、ゼミナール（Seminare）、演習（Übungen）、受験指導（Examens- und Klausurkursen）およびその他の講座（Lehrveranstaltungen）を担当する。大学教授の一週間の講義担当義務は、現在、ゼメスターの時間割で一週間に八時間である。管理職の教授（たとえば、学部長、学務担当学部長、学部長代理（前学部長））は教育義務を軽減されている。名誉教授、非常勤講師、実務家講師（abgeordnete Praktiker）（たとえば、裁判官、検察官および行政庁勤務の上級公務員）、助手、これらによる教育は補完的なものである。教授につけられた助手は、第一次司法国家試験合格という資格を付与する講座を担当し、「専門技能を有する」法曹資格者として、学問的に上の段階（法学博士号取得論文作成、大学教授資格取得論文作成）へ進む資格を有する。

第五節　入学許可

法学を学修するための許可を得る要件は、通例、アビトゥーア（高校卒業資格（大学入学資格））試験の合格である。アビトゥーアは、普通、一三年間の就学期間（四年間のGrundschuleと九年間のGymnasium）後に行われる。それゆえ、法学の学修を始める時点で、ドイツの学生の年齢は普通一九歳である。学生がドイツ連邦国防軍での兵役やこれに相当する民間の仕事に就いていたときは、学生は大体二〇歳になっている。法学の分野には入学定員（**numerus clausus**）がある。法学の学生定員は、一部はドイツ学位授与機構（**Zentralen Vergabestelle**（**ZVS**））から、一部は大学自身から配分されている。多くのラントの法では、大学が学生定員配分についての特別の基準を設けている。特別の適性試験と選考試験が行われることはドイツの法学生にとってもちろんまだ、当たり前のことではない。

第六節　法曹教育の枠組み

法曹教育の内容は広範囲に亘り制定法上定められている。その根底には、連邦国家制度のもとで教育履修条件の統一性を確保し、法律学を学ぶ後継者の質を連邦レヴェルで確保するために、基準の統一が必要だという確信がある。むろん、この連邦法を各ラントの法曹教育令・法曹資格試験令に置き換えるにあたってはラントごとに多少の違いがみられる。

1　履修条件

第二次世界大戦後、法曹教育の履修条件は増加する一方である。平均すると、法学生は今日ではゼメスターごとに毎週およそ一六ないし二〇時間も履修している。前述の「受験時期選択の自由」ルールにより、多数の法学生は八ゼメスターで学修を終わらせようとしている。このルールにより、平均的な学修期間（「滞留期間」）は法学部では明らかに短くなっている。

2　必修科目と選択科目

ドイツの法曹教育の特徴は大部分が必修科目だという点にある。必修科目のリストは、民法から始まり、商法、会社法、労働法、国際私法、民事訴訟法、刑法および刑事訴訟法を経て、公法、行政法、ヨーロッパ法および法史にまで亘っている。他に選択科目があり、選択科目で特定の分野を重点的に教育したり専門的に教育したりすることができるようになっている。選択科目のリストはどのラントの法曹教育令でも長い。選択科目群として用意されているのは以下のようなものである。

(1)　ドイツ法史・ドイツ私法、ローマ法史・ローマ私法、法哲学、一般国家学、法社会学、法律学方法論、教会法・国教法（Staatskirchenrecht）、

(2)　非訟事件手続法（手続上の諸原則、後見事件、世話事件、遺産管理事件・不動産登記事件）、

(3)　強制執行法・倒産法、

(4) 集団的労働法（団結権法、労働協約法・労働争議法、共同決定法・経営組織法）、概説：労働裁判所の手続、
(5) 商法、会社法・有価証券法、
(6) 競争法・カルテル法、工業所有権法・著作権法、
(7) 保険契約法・保険監督法（関連する保険事業法を含む）、
(8) 租税法：所得税法、法人税法、消費税、営業税、相続税法、企業決算税法、概説：国税通則法（罰金・過料に関する実体法・手続法を除く）、
(9) 社会保障法（総論、社会保険・社会福祉、勤労助成）、概説：社会保障手続・社会裁判所の手続、
(10) 環境法（総論、環境汚染防止法、水法、ゴミ処理法・自然環境保護法）、
(11) 経済行政法（営業法、手工業法、飲食旅館業法、補助金支給法）、
(12) 公役務法、行政学、
(13) 法情報学・コンピュータ法、
(14) 犯罪学、少年法、行刑、
(15) 経済刑法、環境刑法、
(16) 国際法、ヨーロッパ法、
(17) 比較法、ヨーロッパ私法、国際私法・国際手続法、
(18) 立法学：民事法（家族法・相続法）、公法（都市計画法、建築基準法、地方自治法）、

以上の選択科目のリストから、どの法学生もひとつのグループを選択しなければならない。

提供される教育内容は講座数を増やすことで補充されている。たとえば、ゼミナール、外国法入門（この講座はし

ばしば当該国出身の客員講師により提供される)、特殊講義(たとえば、公的機関の管理運営、法廷実務体験、法と経済学、修辞学)などがそうである。実務志向型の授業はドイツの法学部では例外である。それは、実務の見方が司法修習実務で最初に紹介されるからである。これに対し、ドイツの法学部の教育で特徴的なのは「演習(Übung)」である。そこでは、実例の解決が練習されている。

第七節　受講者数

ドイツの法曹教育を特徴付けているのは学生数の多さである。もちろん、学修条件には大学ごとの違いがある。いくつかの大学では一年間に六〇〇名ないし七〇〇名の学生を入学させているが、他の大学では二〇〇名ないし二五〇名しか受け入れていない。いくつかの大学は第一ゼメスターを冬学期だけでなく、夏学期にすることも認めている。第一ゼメスターを夏学期に始める法学生の数は、明らかに、冬学期に始める者の数よりもずっと少ない。このことから、夏学期の学修環境は、普通、冬学期のそれよりもずっと良好である。講義のほか、第一ゼメスターおよび第二ゼメスター在籍者のために研究会(Arbeitsgemeinschaften)と補習コース(Tutorien)が設けられ、それぞれ二〇名ないし二五名の参加者がいる。また、ゼミナールの参加者数は平均で二〇名である。この経験から分かるように、上級レヴェルのゼメスター(第六ゼメスター以後)で設けられている授業の参加者数は初期のゼメスターに設けられる授業の参加者数よりずっと少ない。というのは、年長者用のゼメスターの多くが国家試験で大切な素材を(授業料を支払う)学外の民間補習コースに任せ、その結果、履修登録が形式的なものになっているからである。多くの法学部は「上級ゼメスター」履修者の流出防止策として、特別の受験コース(Examinatorien)、模擬試験(Probeklausuren）および復習コース（Wiederholungskurse）を用意した。これにより、国家試験受験者を分別し、第一次国家試験に最も適合した準備をすることができるようになっている。

第八節　学修成果

伝統的な講義はドイツの大学では今なお盛んである。もちろん、純粋に抽象的な知識の伝達と理論的な論及から離れ、実例に即した素材を分かり易く説明し、知識を広げかつ応用する機会を受講者に提供するやり方へと向かう教授の数は増えつつある。それでも、こうしたやり方は、アメリカ合衆国で使われる意味でのソクラティック・メソッドからは、普通、かなり離れている。（そしてまたそうせざるを得ない。それは、ドイツの法学生は伝統的に授業に対する予習ができておらず、むしろ、復習に重点を置きがちだからである）。それでも、教える者と学ぶ者との相互作用で、素材が積極的に提供され、加工されるようになり、これによって、学生の満足感も普通に得られるようになっている。それと同時に、目に見える成果を求める雰囲気が生まれてきた。そこでは多くの法律職の役割や法の相対性も紹介されるようになっている。ドイツではこれまで実体法と手続法との結びつきが授業では説明されていない。それには主に歴史的な理由がある（パンデクテンシステム）。

ドイツの法曹教育では、中間試験の受験（大体、第三ゼメスターか第四ゼメスター）と第一次司法国家試験との中間にいる法学生に就学を動機付ける要素はあまり強くない。この点と関連するが、学生は、たとえばアメリカ合衆国におけるのとは異なり、多くの授業ではゼメスターの最後に試験を受けなくてもよく、第一次司法国家試験でどのくらい解答できるかを予測させる学修成果がどの程度なのかを確認できない。その代わり、後に位置する複数のゼメスターに、法曹教育の最後に位置する第一次司法国家試験の準備を集中して行うようになる。学修成果を確認できるのはせいぜい国家試験受験コースや模擬試験のときであるが、そこで得られる結果は第一次司法国家試験には何の意味もない。それゆえ、学修を続ける動機は、結局のところ、学生の一般的な希望、できるだけ「良い」成績を試験でとりたいという希望だけである。それは、良い成績がとれれば、法学博士号取得論文作成資格やヨーロッパおよびヨーロッパ以外の国の大学院で学修するための奨学金を得る道が開かれるからである。法曹教育期間の最後の三分の一の時期に学修成果を確認する機会がないために生じる空白は、民間の補習コースにより埋め合わされている。というのは、民間の補習コースは、ここでも授業料を取って、受験コースの採点と成績評価を行っているからである。

第九節　法曹教育の目標

法曹教育の目標は、法学の学修素材をレヴェルに合わせて絶えず高度化し、学生が複雑かつ面倒な諸問題を法的および事実的な観点から分析できるようにすることにある。往々にしてその背後にあるのは、むろん、考え方としての「例題学修（exemplarischen Lernens）」（このほかに、当初の主張である「コンスタンツ・モデル」という言い方もある）であり、着想としての「筋道のはっきりした思考（konzeptionelles Denken）」である。その中心は、著者のみるところ、往々にしてあまりにも極端な個別的知識の伝達である。しかし、取り上げる法的素材がますます増え続けている状況を顧慮すると、個別的知識の伝達により、学生の負担は耐えがたいものになっている。これに代わる代案を求める試みはいつも行われている。しかしながら、もちろんここでも、遺憾なことに、「料理人が多すぎて粥が台無しになる（＝船頭多くして船山に登る）（Viele Köche verderben den Brei）」という格言があてはまっている。

第一〇節　費　用

ドイツでは国立大学での法曹教育は無料である。ゼメスターごとに払う小額の手数料、およそ五〇ユーロ（これには、大学の社会的施設・スポーツ施設利用料のほか、しばしば近距離交通機関の料金も含まれている）は別として、授業料は徴収されていない。むろんいくつかのラントは近年方針を転換し、「長期在学生」、つまり普通の在籍期間を四ゼメスター以上超える学生に授業料（たとえば、一ゼメスターにつき五〇〇ユーロ）を支払うよう求めている。連邦行政裁判所第四部が二〇〇一年七月二五日判決で述べているように、納税者の負担で時間的に無制限に学修することをもはや許さないという立法者の関心事に異議を唱えることは、法的にはできない[13]。これに対して、国立大学に一般的な授業料制度を導入することはドイツでは現在のところ政治的にできないであろう。他方で、ちょうどハンブルクのブツェリウス・ロースクールが示しているように、学生（ないしその父母）には国家による「大規模経営」から離れて個人的な法曹教育に授業料を支払う用意もある。資金面でこれに似たモデルは国立大学にも認められるべきであろう。もっとも、その際にはむろん必要な諸条件（たとえば、父母の所得に左右されない奨学金、学修成果に見合う返金制度など）が創設されなければならない。法学部間でのさらなる競争を促す要望は、同時に、このような資金的モデルの採用と結びつけられており、そうした競争を通して、提供される授業やその他の諸措置を統制できるようになろう。

(12)　法学（Jura）は、ドイツの多くの大学の法学部では副専攻としても学修されている。

(13) バーデン・ヴュルテンベルク州では、長期在学生の数は授業料徴収により飛躍的に減少した。バーデン・ヴュルテンベルク州の九大学では一九九七年に三七〇〇〇名の学生が一四ゼメスター以上在籍していたが、この数は昨年には二一〇〇〇名になっている。二〇〇〇年末までに五〇〇〇万マルクが徴収された。この金銭は就学条件改善用の「教育連盟(Bündnis für Lehre)」の手元にある。参照されるのは、Neue OZ vom 26. 7. 2001, S. 4 である。

第三章　アメリカ合衆国の法曹教育

アメリカ合衆国の法曹教育は根本的にドイツのそれと異なっている。そうした違いは法学学修のための入学許可から弁護士資格試験にまで及んでいる。

第一節　統一性と多様性

多くのドイツ人がアメリカ合衆国の法曹教育をみて驚いているのは、聞き知るところ、アメリカ合衆国には国が定めた統一的な法曹教育がないという点である。アメリカ合衆国で支配的な考えによれば、立法者ではなくて、法学部(「ロースクール」)、裁判所および弁護士会が法曹教育のための指針を決定すべきだとされている。法曹教育に必要な統一性を確保しようと試みているのは、アメリカ法曹協会(American Bar Association(ABA))、つまり連邦レヴェルでのアメリカの弁護士組織である。同協会は、一九二一年以降、法学部に対する評価指針を作成している。この指針の遵守は、ほとんどすべての州および属領の最高裁判所により、そして弁護士資格を付与する各州の当局により、不可欠のものとして承認されている。

アメリカ法曹協会の評価を受けたロースクールで法曹教育を終えれば、今日ではアメリカ合衆国の五〇州と四つの準州で弁護士資格試験（bar exam）の受験が許される。同協会の評価を受けず、州の認可だけしか受けていないロースクールの卒業生は、そのロースクールが所在する州でしか弁護士資格試験を受けられない。連邦教育省（United States Department of Education）は同協会の法曹教育・弁護士資格付与委員会（ABA Section of Legal Education and Admissions to the Bar）に対して連邦レヴェルで認められたロースクール評価機構という地位を与えている。

今日、アメリカ合衆国には一八〇を超えるロースクールがある。その大多数は全米ロースクール協会（American Association of Law Schools（AALS））の会員校である。全米ロースクール協会も同じようにロースクールの教育水準を高め、教育内容を充実させ、教授の継続的努力が行われるように努めている。アメリカ法曹協会の評価を受けたロースクールの約半数は民間の組織であり、それらの多くは国の助成金なしに経営してゆかなければならない。

第二節　コースおよび資格

アメリカ合衆国のロースクールが用意しているコースや資格は多い。

1　基礎教育

アメリカ法曹協会の評価を受けたロースクールで学生が取得できる最初の資格は法学博士（Juris Doctor（J.D.））である。この学位はこれまで付与されていた法学士（Bachelor of Laws（LL.B.））に対応するものであり、ヨーロッパの意味での「法学博士」ではない。このＪＤ学位の取得要件は、一般に六セメスターないし三学年、法学を学修することである。いくつかのロースクールでは、一定の要件のもとに、「パートタイム学生」にも法学学修の機会を認めている。パートタイム学生は最初の教育年度の授業を、一二か月以内ではなく、一八か月ないし二四か月以内にとることができる。二年目と三年目はむろん一般に二四か月で卒業しなければならない。パートタイムの機会を利用しているのは特に父母などの支援を受けられない学生と有職者である。

学生はいくつかの大学で複合学位も取得できる。たとえば、法学・経済学では **J.D./M.B.A.**、法学・行政学では **J.D./M.P.A.** というようにである。このような「複合学位プログラム（joint degree programs）」で学ぶには、普通、四年かかる。実際には、こうした複合学修プログラムはそれほど重視されていない。それは、学修期間中の負担が大きく、コストもかかり、卒業生が労働市場で仕事を得るチャンスに対する評価も違っているからである。

2　大学院コース

アメリカ合衆国の多くのロースクールでは、このほか一年間の上級コースが提供されている。このコースでは法学修士の学位（Master of Laws/Legum Magister (LL.M.)）が得られる。この種の学位はまずもって専門的内容（たとえば、労働法、会社法や租税法）を学ぶのに適している。さらに、定評のあるロースクールの法学上級コースを卒業すれば、それほど名声のないロースクールのＪＤプログラムの卒業生でも、職業を得る機会を改善することができる。ＪＤプログラムの平均点が悪いと、もちろん法学上級コースで埋め合わせるのはきわめて難しい。法学修士号取得希望者は、典型的な場合、毎週の学修時間が二〇ないし二四時間の授業を受けて単位取得試験に合格し、広範囲に亘る学術論文（修士論文（Magisterarbeit oder thesis））を作成しなければならない。修士号取得希望の学生はたいていのロースクールでは比較的少ない。このほか、多くの大学院生はアメリカの教育システムではなく、外国の大学の卒業生である。外国人の上級コース在籍者が法学修士号取得のために必要な期間は今では一般に一学年である。大学院での学修終了後に外国人学生に与えられる学位の名称にはロースクールごとに違いがある。普及しているのは法学修士号（Master of Laws (LL.M.)）であるが、場合により、学修内容に対応する専門分野が表示される（たとえば、租税法修士（LL.M. in Taxation）、会社法・証券取引法修士（LL.M. in Corporate Law and Securities Regulation））。その他のロースクールでは、比較法修士（Master of Comparative Law（M.C.L.））や比較法学修士（Master of Comparative Jurisprudence (M.C.J.)）を認めている。

法学博士号（Doctor of Jurisprudential Sciences (S.J.D.)）の取得要件は一般に、修士用上級コースの卒業後、一年間ないし二年間、大学院生用の別のコースを履修し、独自性のある学術論文（dissertation）を書くことである。アメリカ合衆国のS.J.D. 候補者の数は比較的少ない。S.J.D. という学位を取得するのは、アメリカ合衆国では一般に、法曹のうち、研究教育活動を目指す者のみである。むろん、現実には、S.J.D. は研究教育活動に就く要件ではなく、アメリカ合衆国の多くの法学教授は大学院の学位を持っていない。これに対して、外国人法曹には、S.J.D. の人気は高い。

第三節　弁護士資格の付与許可

弁護士資格付与許可の要件は原則としてアメリカ合衆国での法学学修の完了と最初の法学の学位（LL.B.や J.D.）である。アメリカ法曹協会がかつて繰り返し確認していた見方によると、州は、アメリカ合衆国で三年間の完結した法学学修コースを卒業しなかった法曹に、弁護士資格試験受験を認めるべきではないとされていた。それにも拘わらず、多くの州（その中にはニューヨーク州も入る）は、外国の法学部の卒業生に弁護士資格試験の受験を認めている。それは、その者がJ.D.に対応する最初の法学の学位を外国で取得しており、しかもアメリカ合衆国で大学院の法律学コースを卒業している場合である。こうした要件には州ごとに違いがある。もちろんアメリカ合衆国で弁護士資格試験に合格し、その後も引き続きアメリカ合衆国で実務に就いている外国人の比率はごくわずかである。このコースを卒業した多くの学生（attorney-at-law と呼ばれる）は自分の母国に戻るが、その目的はアメリカ法の知識を利用することにある。多くのヨーロッパの大規模弁護士事務所では、アメリカ合衆国で完全な教育を受けていない法曹の多くが州の弁護士資格を有することで職業人として責任を負わされるリスクがあるために、アメリカ法の分野ではめったに活動していないのに、attorney-at-law（特にニューヨーク州のそれ）の資格が今日ではあたかも「入場券」のように扉を開くものとなっている。

第四節　学　生　数

アメリカ合衆国の法曹教育を特徴付けたのは、長い間、学生数の増大であった。前世紀の一九八〇年代後半および一九九〇年代前半に、学生数はやや減少した。法学の分野での学生数減少の原因は、特に社会的状況、つまり、教育費が高い割に（しかもその額は増え続けている）法曹としての職業には展望がない（特に成績が中位および低位の者）という点にある。法学生に占める女性の比率は、ほぼ五〇パーセントである。

第五節　教　授　陣

アメリカ合衆国のロースクールの教授陣は専任の教授（准教授（assistant professors）、助教授（associate professors））および正教授（full professors））と非常勤の教員（たとえば、特任教授（adjunct professors）、兼任講師（lecturers）、そして「臨床部門（Klinikern）」（臨床専門家（clinicians）が担当するのは、実例に基づいて実務の見方と教育とを仲介することである））とから成る。ロースクールを統率するのは学部長（dean）であり、学部長を支えるのが評議員（associate）や学部長代理（vice deans）、そして多数の副学部長（assistant deans）（たとえば、入学試験担当副学部長（Assistant Dean of Admissions））である。学部の責任者の授業担当時間は普通減らされている。フルタイム教授の教育義務はロースクールごとに異なる。平均では、一学年度に毎週の担当時間で一二時間ないし一四時間となり、それゆえ、ドイツ（一年につき毎週の担当時間で一六時間）におけるよりも少ない。

第六節　入学許可

法律学の学修を始める許可の要件は、通例、カレッジ（college）で三年間ないし四年間の人文科学や自然科学の教育を卒業していることである。この卒業は学士号（Bachelor）（たとえば、美術学士号（Bachelor of Arts [B.A.]））で示される。これにより説明されているのが、法学の学修を開始する際になぜアメリカ合衆国の法学生の平均年齢がドイツのそれよりも高いのかという点である。カレッジ間に存在する多様性と質的相違を考慮すると、志願者の教育の程度や知識の程度の対比可能性を保障する信頼できる判定システムの形成が必要である。それゆえ、すべてのロースクールが今日では志願者に対してロースクール適性テスト（Law School Aptitude Test（LSAT））の受験を求めている。このテストが発足したのは三〇年前である。この時期にはアメリカ合衆国で、点数を付けずに「合格」と「不合格」の区別しかしない方向へ移行するカレッジがますます増えつつあった。ロースクール適性テストの受験結果の等級如何で、志願者がどの大学に入学を許されるかが判断されている。それゆえ、多くの志願者は、入学の機会をより良くするために、何度もロースクール適性テストを受験し、適性テストの成績が悪ければ法学の学修を断念している。民間組織（補習コース）の助けを借りて、志願者はこの適性テストの準備を行っている。

第七節　法曹教育の枠組み

法曹教育の枠組みは、アメリカ合衆国の場合、国による基準ではなく、ロースクールにより独自に定められている。国が距離を取ることにより、ロースクールはアメリカ法曹協会の評価基準の枠内で自己責任に基づき、どのような要件のもとに学位を付与できるか、どの科目を必修科目とするかなどをみずから決めている。

1　履修条件

一般に、ロースクールは、今日、ＪＤ学位の付与の要件を九〇単位（credits）としている。その意味は、学生が今日ではセメスターごとに一五単位を取得しなければならず、それゆえ、卒業のためには週に一五時間とらなければならないという点にある。

2　必修科目と選択科目

法学生の選択の自由はアメリカ合衆国では大きい。一年目にはむろん普通、必修科目しかない。その典型は、契約法、不法行為法、憲法、民事訴訟法および刑法、職業関連法（Standesrecht）（「専門職業人としての責任（professional responsibility）」である。これに対し、証拠法、会社法および租税法は、アメリカ法曹協会の評価を受けたロースクールの四分の一でしか必修科目になっていない。もちろん、証拠法と会社法は多くの学生が履修する。というのは、これらの科目が弁護士実務では商法のように大切な科目だからである。

その他の科目のリストは、たいていのロースクールでは、膨大で変化に富んでいる。しばしば重点が置かれている領域は、学生が後の職業活動の準備をする科目である（たとえば、商法・会社法、資本市場法、租税法、企業会計法、不動産法、破産法、遺産管理法および国際私法）。重要性を持つものには、実務と関連する講座、たとえば「正式事実審理での弁論（Trial Advocacy）」、「依頼人との接客（Client Interviewing）」、「正式事実審理前の証拠開示手続対処法（Pretrial Discovery Methods）」、「代替的紛争解決制度（Alternative Dispute Resolution）」、「訴訟技術（Litigation Skills）」や「上訴審弁論（Appellate Advocacy）」もある。「情報処理技術（Information Technology）」というテーマの講座も今日ではアメリカのロースクールで標準的に開設されている。古典的な学問分野（「法哲学」、「法理論」、「法史」、「法学方法論」など）は特に名声の高いロースクールで提供されている。多くのロースクールでは通例「比較法」も開設されている。小規模のロースクールで専任の比較法学者がいないところでは、この不足を補うのに（外国人）客員教授の助けを借りている。世界中から訪れる客員教授によって、その他の授業が多様に行われている。特に印象が強く今なおその影響を強く感じているのは、ニューヨーク・ロースクールが一度開いたグローバル・ロースクールであった。

第八節　授業規模と教育方法

アメリカの法曹教育を特徴付けているのは小人数グループ制である。初年度には普通一〇〇名ないし一二〇名の学生が一つのクラス（class）に集まる。二年目および三年目の授業の平均学生数は三〇名ないし四〇名である。受講者数の少なさから、アメリカの教授はソクラテス風の教育方法を応用できるが、この方法では、教える者も学ぶ者も同様に高い緊張感を強いられている。二年目と三年目では、アメリカ合衆国でも、ヨーロッパ大陸の意味での古典的な「講義」を行うのが普通になっている。

第九節　法曹教育の目標

アメリカ合衆国の法曹教育がドイツのそれと異なる点は目標設定にもある。アメリカ合衆国の法曹教育の目標は「法曹としてどのように考えるべきか」を学生に教えることにある。そこでまず最初に伝えられる能力は、複雑かつ面倒な諸問題を法的および事実的な観点から分析し、実体法を常に訴訟法的関連性を顧慮して理解することである。そこでは、紛争の根底にある諸利益と裁判所による評価とが浮き彫りにされなければならない。提起された係争問題（issues）をどちらか一方に有利に判断することは教授から期待されていない。著名な裁判官であるベンジャミン・ネイザン・カドーゾ（*Benjamin Nathan Cardozo*）が述べた意味の通り、裁判所は巨大な実験施設と考えられ、そこで多くの係争問題が社会の変化を考慮して解決されている。裁判過程（Entscheidungsprozessen）の分析が教育上固有の判断よりもずっと重要だからである。そこでは、手がかりや考え方の理解を伝えることが個別の知識を伝えることよりも優先するのであって、抽象的な法的知識は法の適用能力ほどには重視されていない。

このように、ロースクールに期待されているのは、まずもって特定の州の法に関する知識を伝えることではない。中心にあるのは、いわゆる「合衆国法（national law）」であって、そこで提供されている内容は州には適用されないが、広く普及している法原則に依拠して問題解決型を思考することが目標とされている。

ロースクールの講座で中心的な役割を果たしているのは、法曹が訴訟で自己の役割に応じた行動をとることであり、特に弁護士が責任を負うことである。想像性、創造力、論証力および判断力、これらが対話、質問、意見交換および討論を通じて呼び起こされ、助長されなければならない。法と関連諸分野との接合部分を法曹教育の視界に持ち込んだのは特にシカゴ学派であった。シカゴ学派の信奉者たちは理論および文献の中にその痕跡を残している。「フェミニストの法」や「黒人法学生奨学金協会」の代表者も、法曹教育において、同様に多くの新しい問題を提起している。

純粋に知識の伝達を望み、理論的基礎を明らかにし、いろいろな法領域間の体系的関連性を明らかにすることは、上述したような法曹教育における第一次的目標ほどには重視されていない。ヨーロッパからみて時として不満の残るある種の「理論離れ」がアメリカの法曹教育に見られるが、このことを特に明らかに示しているのが、アメリカ合衆国における法曹教育の手本として法廷や法律相談業務で活動する法曹が考えられているという点である。それゆえ、法曹後継者にコミュニケーション能力を付けること（たとえば、口頭表現、ジェスチャー、訴状および文書の起案）にもアメリカの法曹教育では高い価値が置かれている。

第一〇節　費　用

アメリカの法曹教育は高くつく。小人数のグループで教育を受けるという特典には、高い授業料（授業料（tuitions）と受験料（fees））が支払われなければならないからである。特に名声の高いロースクールでは年間授業料が二五〇〇〇ないし三〇〇〇〇USドルというのが今では普通である。州立のロースクールの授業料はたいていの場合それよりも低額である。その場合、自州在住学生とその他の学生とでは区別されている。これとは反対に、「専門職業人として完成する」という考えを反映した教育を受ける学生もいる。そうした学生もそれなりの労働市場に目を向けているからである。

第四章　対　比

ドイツとアメリカ合衆国の法曹教育システムは根本的に異なる。しかし、両者の目標は同一であり、若い法曹が将来の職業をしっかりしたものとするように準備を進めることにある。

第一節　前　提

職業としての法曹の世界も変化している。その中心には、弁護士、法曹資格を有し企業や行政府で働く者が行う立法活動がある。紛争の回避が大切であり、裁判は重要性を失っている。それと同時に、学際的能力を向上させ、経済学・社会科学、修辞学、交渉運営、調停（Streitschlichtung）および仲介（Mediation）といった分野で法曹の知識を向上させるようにという要請がますます強まっている。国内法秩序に加えて、超国家的な法や国際法も適用されなければならない。比較法の重要性は、国境を越える商取引や経済交渉、法的交流のみにとどまらない。それとともに、専門分野で外国語知識を持つようにという需要も高まっている。法曹は今日では少なくともひとつの外国語を交渉事に耐えられるレヴェルで維持し、少なくとも他にもうひとつ別の外国語で十分に表現できるようにならなければならない。純粋に受身の外国語能力では今日もはや十分ではない。さらに、法的判断を説得力があってしかも受け入れられるようなものにするための今日的要件として、法曹は自国の法秩序の中核部分が抱える歴史的、哲学的、社会的、経済的および政治的な関わりを意識すべきである。

学ぶべき法的素材が増え続けていることから必要になるのが、例題を用いた指導・学修である。例題を用いた指導と学修は、しかしながら、十分に広い基礎力がなければ、不可能である。「浮島のような断片的知識（Inselwissen）」だけで、相互の関連性やそれぞれの背景の理解が十分でないと、努力はしても成果は得られない。考えられる例を少し挙げよう。企業に助言する場合には商法、会社法、租税法および国際私法の間の関連性が密接であり、不動産管理（estate planning）では家族法、相続法、租税法および抵触法が協力関係にある。これに類似した結びつきは刑法にも公法にもある。

ドイツの法学部は国家試験の準備という機能を広範に民間の補習コースに奪われている。民間補習コースでは、適正規模の少人数準備コース、復習コースおよび重点コース、模擬試験コースが用意されている。それでも、学問的観点からの受験準備は法学部の本来の役割である。アメリカ合衆国のモットーでは「教える者が試験をする」という。このことがドイツでも必然的にあてはまるわけではない。むしろ逆に、国家試験実施所管官庁に設けられた国家試験制度運営機構により、教授以外の法律職（特に裁判官、検察官、法曹資格を有する行政庁職員）が、たとえ彼らが受験者の教育にまったく関与していなかったとしても、試験実施側に参加できるようになっている。さらに、これに関連して根拠の探求が必要になるのは、試験という負担の中心部分を教育の最終段階に移すことに今後も意味があるか否かという点である。すでに学修期間中に取得し、第一次国家試験で評価することができるような試験の成績による「部分点制度（Abschichtungen）」を現行の教育システムは予定していない。学修の素材が増え続け受験生の負担もますます大きくなっていることから、受験者の不安感も高まり、試験の成績の順位で多くのことが決まるようになっている（たとえば、博士論文作成の可能性、大学院レヴェルでの学修における選択肢、奨学金、雇用の機会）。ドイツの法学部の卒業生は、他のヨーロッパ諸国およびアメリカ合衆国のロースクールの卒業生との競争において、教育機関が長いためすでに今日でも不利な地位にある。学修期間中に得られた過渡期の成績を国家試験でも評価するようになれば、ドイツにおける教育期間の短縮も可能になろう。

第二節　変　更　点

ドイツにおける法曹教育の改革は、惟うに、次の三点で肯定的に評価されなければならない。学修内容、法律職への動機付け、そして成績評価に基づく規制と試験、これらがそうである。

1　学修内容

法律相談と立法活動の重要性が特に弁護士実務でも高まっている点を考慮すると、法学の授業でも、将来は、法律相談および立法活動の方法論と基礎知識がすべての中心科目で教えられ、少人数のグループで実例に基づく練習の機会が用意されなければならない。国際私法、比較法、ヨーロッパ私法・ヨーロッパ法史、これらは法学学修の必修科目に入れられなければならない。さらに、法学部の学生には経済学や社会科学のような隣接分野の基礎知識がもっと伝えられなければならない。これに加えて、将来の法曹の能力・技能は交渉運営、調停、仲介、修辞学、そして尋問といった分野でも不可欠である。専門分野に固有の能動的な外国語の運用力も、同様に強く求められている。法曹訓練期間（司法修習）の改革も考えられなければならない。ドイツで普通に考えられている将来の法曹のための実務準備機構は、特にアメリカ合衆国のモデルが示すように、考え得るひとつのモデルでしかない。もとより、学問的および実務的な教育を受けた後にすべての法律職に就けるようにという「一体型法曹像（法曹一元制）」という目標は維持されるべきであろう。というのは、これによっても、将来の法曹が大学での学修期間中および実務教育期間中に法律職への動機付けの強化が排除されるわけではないからである。

2　法律職への動機付け

法曹教育における法律職への動機付けの狙いは、特に、裁判上および裁判外で当事者を代理する活動の責務と仕事の方法、私法および公法の分野での法律相談と法的な企画立案、刑事弁護、紛争予防、調停、これらに関する知識の伝達である。法律職への動機付けを強める一案は、傑出した実務家、特に弁護士、裁判官および検察官を教育に参加させる機会を増やすことである。大学での学修で法律職への動機付けをさらに強めるという目標を達成するには、職業的技能を伝えるだけでなく、職業人としての専門的な見方、方法論、解決策発見の手がかり、そして手続、これらに習熟しなければならない。このような意味での法律職への動機付けは必修科目を増やすことではなく、これまでの表現方法を教育活動でも方法的にも濃縮することである。必修科目については、惟うに、目に見える形で削減すべきである。というのは、法律職への動機付けを強める場を作り出す必要があるからである。選択科目群の数は現在の一八から五ないし七へと削減されるべきである。これにより、ドイツの法学部にとって、同時に、ある種の重点教育と分類表上の改善を達成でき、ひいては、ドイツの法学部間での競争が刺激され、必然的に、アメリカ合衆国におけるような大学間でのランク付けをしなくても、問題を解決することができよう。

3　成績評価に基づく規制

成績評価に基づく規制のこれまでのシステムはいくつかのラントでは第三ゼメスターか第四ゼメスターに行われる「中間試験」に基づいて行われている。他のラントでは、この時期に「小規模」証明書（kleine Scheine）の取得が期待されている。さらに現行の教育システムで設けられているのは、大学での教育の最後に筆記試験と口述試験とから成る大規模かつ包括的な第一次国家試験のみである。惟うに、試験の結果でなされる学修指導的な成績評価に基づく規制をすることで、基礎的学修（「中間試験」）においてのみならず、その後の教師と学生双方における教育成果についても監視すべきであろう。これにより、同時に、適性のある学生だけが法学の学修を続けられるように配慮することができる。学修指導的な成績評価に基づく規制の結果は、一定の範囲で、第一次国家試験での採点に取り入れられるべきである。さらに検討の必要があるのは、第一次国家試験が今後もこれまでと同様に、大学での学生に対する教育にまったく参加していない裁判官、検察官、弁護士および法曹資格を有する行政庁職員を含む国の試験実施機関により行われるべきか否かという点である。ドイツでは、法学部生の卒業試験で「国が率先して関与するやり方」を捨て去る可能性はまったくない。これが長い伝統である。伝統は、ドイツにおいてだけでなく、周知のように、システムの変革が問題となっているときにも、不動の基礎となっている。

第五章　展　望

結果が待たれるのは、ドイツにおける法曹教育の改革に関する論議がどのような方向に発展するのかという点である。「改革」という言葉の意味するところは多く、そこには、「再構成（Umgestaltung）」、「現状改善（Verbesserung des Bestehenden）」、「新たな秩序付け（Neuordnung）」という意味もある。個々の「改革」措置は、具体的な目標設定を伴う基準が示されなければ、出たとこ勝負の、恣意的かつ非効率的なものとなる。必要とされる教育改革の目標を定義する際には、限界を考えずに視野を広げることが不可欠である。綿密な比較法の助けがなければ、選択肢となり得る教育モデルを認識することでも、そうした教育モデルから現行教育システムを改善する可能性を引き出すことでも、内外国の法曹教育システムの利用可能性および補充可能性を改善する余地を有する大規模な収斂機構(Konvergenz)を国際的に作り出すことでも、判断主体を助けることはできない。法曹教育の改革は、このような意味で今なお、緊張感をはらんだテーマなのである。

質疑応答

――ドイツでもアメリカ合衆国でも法学部生の半数は女性だそうです(前掲一六〇頁および一七二頁)が、それは、女性が法律学を学ぶことで何かメリットを受けられるからですか。

確かに現在のドイツでは法学部の学生のうち約五〇%が女性です。しかし、一〇年程前までは男性が六五%を占めていました。女子学生は少しずつ増えて、この三、四年の間に約五〇%が女性になったのです。

従来博士論文を書いて法学博士の学位を取る女性の関心は家族法に偏りがちでしたが、最近ではビジネスに関係した法に興味を抱く女性も増えています。最終的には、法学部の女子学生のうち約一五%が第一次および第二次司法国家試験に合格しています。合格者の割合は、三~四年後には約六〇%に増加すると予想されています。特に女性に好まれる職業は弁護士と裁判官です。第一次および第二次司法国家試験に合格した女性がみな弁護士になるかといえば、そうではありません。裁判官を選ぶ女性もかなりいます。というのも、裁判官ならば、子供がいても、自宅で仕事ができるからです。裁判官のおよそ三五%、そして弁護士の約四〇%は女性です。これに対して、女性の法学研究者、特に法律学教授はきわめて少ないのが現状です。それは、ドイツの大学教授資格を取るシステムに問題があるからです。ドイツで一人前の研究者になるには、まず第一次および第二次司法国家試験に合格した後、高い水準の大学教授資格取得論文を書かなければなりません。この論文を書き終わるときにはすでに三〇歳を過ぎてしまうのが普通なので、女性は子供をあきらめざるを得なくなります。つまり、「子供」が決め手となって、研究者か裁判官か、いずれを職業とするかが選択されるのです。しかし、最近では、少しずつ女性の研究者も増えてきています。おそらく一〇年後には、法律学教授の約三〇％が女性になるでしょう。公的機関への就職については、男女ともに公平なアクセスの機会が与えられていますので、この点を考えれば、女性が成功することもさほど困難なことではありません。もっと女性も研究者という道に進むべきだと思います。

―― 今回のお話では、一方で「ドイツの法曹教育の特徴は大部分が必修科目だという点にある」（一六二頁）とされていますが、他方で、先生は「必修科目については、惟うに、目に見える形で削減すべきである」（一八二頁）と主張されています。ほかの箇所でも、先生は、ドイツの学修内容に関する改革として「国際私法、比較法、ヨーロッパ私法・ヨーロッパ法史、これらは法学学修の必修科目に入れられなければならない」（一八一頁）ともいわれています。一体どのようにして、これらの科目の追加と必修科目の削減を同時に実現させるのですか。

この点はドイツの法学教育における大きな問題のひとつです。どのように教えれば、学生は広い意味での法律家（法曹（lawyer））になることができるでしょうか。それには、法律家がどのように考えるか（how to think as lawyer）を学生に教えることが不可欠です。このためには、すべての法分野の知識を網羅的にひとつひとつ細かく教える必要はありません。教える科目の数は減らすけれども、伝統的な法分野の学修を通じて法的な考え方を優先的に教え、そうして得た考え方をほかの分野にも応用できるようにすることが必要だと思います。

――「法曹教育が大学で行われる学問研究に関する部分と実務でなされる法の適用を志向した部分とに二分されている」（一五五頁）ことには、どのような長所と短所がありますか。

まず長所についてです。一般にドイツの法学部学生は、四年間大学で勉強し、その後二年間実務修習し、第二次司法国家試験に合格すれば、法律家として弁護士や裁判官など好きな職業を選ぶことができます。自由に職業を選べることが長所でしょう。このような教育課程を辿らない場合、第一次司法国家試験合格後に実務修習を経ずに、他の特別な法曹教育、たとえば裁判官養成課程（Training program for judge）や弁護士事務所に直接進むという方法もあります。実務修習の二年間に学ぶことの中には、必ずしも将来の職業にとって必要とは限らないことも学ばなければなりません。この点が短所といえるでしょう。

――「二〇世紀の一九七〇年代から一九八〇年代にかけてドイツの多くの大学……で試みられたいわゆる一段階法曹教育……が失敗したのは政治的状況のせいであった」（一五五頁）という御意見ですが、具体的にどのような政治的状況が問題だったのですか。

先ほど説明した通り、ドイツでは伝統的に二段階法曹教育を行っています。この制度には学問的研究活動の部分と実務教育の部分との両方が存在しています。しかし、複数の大学によって法曹教育の再構築が試みられ、伝統的な一五年間に亘る教育制度が改められたり、ロースクールのようなシステムも開設されたりしました。こうした状況の中で、政府は教育制度を選択するにあたり、最終的に、伝統的な二段階法曹教育を優先させました。むろん、教育は政治問題ではありませんが、教育制度の維持には政治的サポートが必要です。

――証拠法と会社法といった「科目が弁護士実務では商法のように大切」であるにも拘わらず、なぜ、「証拠法、会社法および租税法は、アメリカ法曹協会の評価を受けたロースクールの四分の一でしか必修科目になっていない」（一七五頁）のですか。

アメリカ合衆国のロースクールでは、学生の科目選択の自由が大きくなっているためです。その分、学生は自分で責任を持って学修する科目を選ばなければなりません。ドイツと同様にアメリカ合衆国でも、司法試験（bar exam）に合格しなければ、法律家として社会で認められません。司法試験でも、証拠法や会社法といったビジネス関連の科目からの出題が多いので、たとえこれらの科目を必修科目としていなくとも、大半の学生がこれらの科目を履修する結果になっています。

［付記］右の講演は鹿児島大学法文学部でも行われる予定であった。この点については、別府三郎教授／ドレーヴス・アンゲラ助教授共訳「ドイツおよびヨーロッパにおける法曹教育」鹿児島大学法学論集三六巻一号一頁以下参照。

日本比較法研究所翻訳叢書

36 J・レジェ他 山野目章夫他訳 フランス私法講演集 A5判 一五〇〇円

37 G・C・ハザード他 小島武司 編訳 民事司法の国際動向 A5判 一八〇〇円

38 オトー・ザンドロック 丸山秀平 編訳 国際契約法の諸問題 A5判 一四〇〇円

39 E・シャーマン 大村雅彦 編訳 ADRと民事訴訟 A5判 一三〇〇円

40 ルイ・ファボルー他 植野妙実子 編訳 フランス公法講演集 A5判 三〇〇〇円

41 S・ウォーカー 藤本哲也 編訳 民衆司法——アメリカ刑事司法の歴史 A5判 四〇〇〇円

42 ウルリッヒ・フーバー他 吉田豊・勢子 編訳 ドイツ不法行為法論文集 A5判 七三〇〇円

43 スティーヴン・L・ペパー 住吉博 編訳 道徳を超えたところにある法律家の役割 A5判 四〇〇〇円

44 W・マイケル・リースマン他 宮野洋一 他訳 国家の非公然活動と国際法 A5判 三六〇〇円

45 ハインツ・D・アスマン 丸山秀平 編訳 ドイツ資本市場法の諸問題 A5判 一九〇〇円

46 デイヴィド・ルーバン 住吉博 編訳 法律家倫理と良き判断力 A5判 六〇〇〇円

47 D・H・ショイイング 石川敏行 監訳 ヨーロッパ法への道 A5判 三〇〇〇円

＊価格は本体価格です。別途消費税が必要です。

日本比較法研究所翻訳叢書

18 カペレッティ編 小島武司編訳 裁判・紛争処理の比較研究(下) A5判 二六〇〇円

19 ドゥローブニク他編 真田芳憲他訳 法社会学と比較法 A5判 三〇〇〇円

20 カペレッティ編 小島・谷口編訳 正義へのアクセスと福祉国家 A5判 四五〇〇円

21 P・アーレンス編 小島武司編訳 西独民事訴訟法の現在 A5判 二九〇〇円

22 D・ヘーンリッヒ編 桑田三郎編訳 西ドイツ比較法学の諸問題 A5判 四八〇〇円

23 P・ギレス編 小島武司編訳 西独訴訟制度の課題 A5判 四二〇〇円

24 M・アサド 真田芳憲訳 イスラームの国家と統治の原則 A5判 一九四二円

25 A・M・プラット 藤本・河合訳 児童救済運動 A5判 二四二七円

26 M・ローゼンバーグ 小島・大村編訳 民事司法の展望 A5判 二二三三円

27 B・グロスフェルト 山内惟介訳 国際企業法の諸相 A5判 四〇〇〇円

28 H・U・エーリヒゼン 中西又三編訳 西ドイツにおける自治団体 A5判 一六〇〇円

29 P・シュロッサー 小島武司編訳 国際民事訴訟の法理 A5判 一一〇〇円

30 P・シュロッサー他 小島武司編訳 各国仲裁の法とプラクティス A5判 一五〇〇円

31 P・シュロッサー 小島武司編訳 国際仲裁の法理 A5判 一四〇〇円

32 張晋藩 真田芳憲監修 中国法制史(上) A5判 三一〇〇円

33 W・M・フライエンフェルス 田村五郎編訳 ドイツ現代家族法 A5判 三二〇〇円

34 K・F・クロイツァー 山内惟介監修 国際私法・比較法論集 A5判 三五〇〇円

35 張晋藩 真田芳憲監訳 中国法制史(下) A5判 三九〇〇円

日本比較法研究所翻訳叢書

0	杉山直治郎訳	仏蘭西法諺	B6判（品切）
1	F・H・ローソン 小堀憲助他訳	イギリス法の合理性	A5判 一二〇〇円
2	B・N・カドーゾ 守屋善輝訳	法の成長	B6判（品切）
3	B・N・カドーゾ 守屋善輝訳	司法過程の性質	B6判（品切）
4	B・N・カドーゾ 守屋善輝訳	法律学上の矛盾対立	B6判 七〇〇円
5	ヴィノグラドフ 矢田一男他訳	中世ヨーロッパにおけるローマ法	A5判 一一〇〇円
6	R・E・メガリ 金子文六他訳	イギリスの弁護士・裁判官	A5判 一二〇〇円
7	K・ラーレンツ 神田博司他訳	行為基礎と契約の履行	A5判（品切）
8	F・H・ローソン 小堀憲助他訳	英米法とヨーロッパ大陸法	A5判（品切）
9	I・ジュニングス 柳沢義男他訳	イギリス地方行政法原理	A5判（品切）
10	守屋善輝編	英米法諺	B6判 三〇〇〇円
11	G・ボーリー他 新井正男他訳	〔新版〕消費者保護	A5判 二八〇〇円
12	A・Z・ヤマニー 真田芳憲訳	イスラーム法と現代の諸問題	B6判 九〇〇円
13	ワインスタイン 小島武司編訳	裁判所規則制定過程の改革	A5判 一五〇〇円
14	カペレッティ編 小島武司編訳	裁判・紛争処理の比較研究(上)	A5判 二二〇〇円
15	カペレッティ 小島武司他訳	手続保障の比較法的研究	A5判 一六〇〇円
16	J・M・ホールデン 高窪利一監訳	英国流通証券法史論	A5判 四五〇〇円
17	ゴールドシュティン 渥美東洋監訳	控えめな裁判所	A5判 一二〇〇円

編訳者・訳者紹介

山　内　惟　介（中央大学法学部教授）

『海事国際私法の研究』（中央大学出版部，1988年）
『国際公序法の研究』（中央大学出版部，2001年）
『国際私法・国際経済法論集』（中央大学出版部，2001年）

實　川　和　子（青森中央学院大学経営法学部専任講師）

「国際外国為替法における「交換可能性」について」中央大学大学院研究年報23号（1994年）
エプケ著『国際外国為替法（上巻）（下巻）』（中央大学出版部，1995年）（翻訳）
「国際私法における為替契約の規定について（一）～（三・完）」法学新報102巻7・8号，9号および10号（1996年）
「国際私法における著作権の準拠法について」法学新報103巻1号（1996年）
「ルーマニア国際私法典（一九九二年）について（一）～（三・完）」法学新報103巻9号，10号および104巻2・3号（1997年）
「仲裁契約の準拠法」青森中央学院大学研究紀要 創刊号（1999年）
「ドイツ国際私法における著作権侵害の準拠法に関する一考察」青森中央学院大学研究紀要3号（2001年）

浅　利　朋　香（中央大学大学院法学研究科国際企業関係法専攻博士前期課程在学）

『実践 国際取引法』（中央大学出版部，2001年）（共著）
「オーストリア国際私法における法人の従属法等について」中央大学大学院研究年報31号（2002年）
「「比較法文化論」への招待(1)(2)」中央評論233号および234号（2000年）

エプケ教授講演集

経済統合・国際企業法・法の調整

日本比較法研究所翻訳叢書（48）

2002年5月20日　初版第1刷発行

編訳者　山内惟介

〈検印廃止〉　発行者　辰川弘敬

発行所　中央大学出版部

〒192-0393
東京都八王子市東中野742-1
電話0426(74)2351・FAX0426(74)2354

ISBN　4-8057-0349-0　　大森印刷

索　　引

ア行

カ行

サ行

タ行

ナ行

ハ行

マ行

ヤ行

ラ行

ヴェルナー・F. エプケ教授著作目録

I　著書および注釈書

1　Wirtschaftsprüfer und Dritthaftung. Gieseking : Bielefeld 1983 (zugleich Dissertation)（なお，同書に対する書評として，Stoll, Am. J. Comp. L. 33 (1985) 324 がある。）

2　Internationales Devisenrecht. Verlag Recht und Wirtschaft : Heidelberg 1991 (zugleich Habilitationsschrift)（山内惟介監修・実川和子氏訳『国際外国為替法（上）（下）』（中央大学出版部，1995年）；ロシア語訳：Moskau 1997）（なお，同書に対する書評・紹介等として，Broß, WM 1992, 83 ; Cebulla, Osteuropa-Recht 1993, 60 ; Hahn, NJW 1991, 2198 ; Horn, DZWiR 1992, 131 ; Jayme, JZ 1992, 88 ; Kleiner, ZBB 1992, 165 ; Malan, Tydskrif vir die Suid-Afrikaanse Reg 1991, 722 ; Malherbe, Journal de droit fiscal 1992, 64 ; Martiny, The International Lawyer 26 (1992) 255 ; Reithmann, DNotZ 1992, 335 ; Remien, International Journal of Legal Information 21 (1993) 89 ; Schwark, American Journal of Comparative Law 41 (1993) 341 ; Thode, RabelsZ 56 (1992) 382；山内惟介・国際経済法１号（1992）158-159頁（山内惟介著『国際私法・国際経済法論集』（中央大学出版部，2001年）380-381頁以下に収録）がある。）

3　The Civil Liability of Corporate Auditors : An International Perspective. International Capital Market Forum : London 1994 (mit Dirk Struckmeier)

4　Die zivilrechtliche Verantwortlichkeit der wirtschaftsprüfenden, steuer- und rechtsberatenden Berufe im internationalen Vergleich. C. F. Müller : Heidelberg 1996（なお，同書に対する書評として，Hoyer, österr. ZfRvgl, IPR und EuropaR 5/1996 ; Quick, WPg 1997, 377 がある）。

5　Staudinger, Internationales Privatrecht, Art. 34 EGBGB Anh. Internationales Devisenrecht, J. Schweitzer Verlag : Berlin 1998

6　Münchener Kommentar zum Handelsgesetzbuch, §§ 316-324 und §§ 342-342a HGB (im Druck) (ca. 400 S.)

7　Staudinger, Internationales Privatrecht, Art. 34 EGBGB Anh. Internationales Devisenrecht, J. Schweitzer Verlag : Berlin 2000 (Neubearbeitung) (erscheint demnächst)

8　Die Haftung des Wirtschaftsprüfers (Verlag Dr. Otto Schmidt KG : Köln, erscheint demnächst)

9　Einführung in das US-amerikanische Recht (Verlag Recht und Wirtschaft : Heidelberg, in Vorbereitung für 2001)

10　Handbuch des Schiedsverfahrensrechts (de Gruyter : Berlin, in Vorbereitung für 2002)

Ⅱ 編　　著

1 Festschrift in Honor of Sir Joseph Gold. Verlag Recht und Wirtschaft : Heidelberg 1990 (mit Joseph J. Norton)
2 Commentaries on the Restatement (Third) of the Foreign Relations Law of the United States. American Bar Association : Chicago, Illinois 1992 (mit Joseph J. Norton/Janet P. Balch)
3 Demokratie, Marktwirtschaft und Recht. Rechtliche, wirtschaftliche und politische Probleme des Übergangs zur Demokratie. Verlag Recht und Wirtschaft : Heidelberg 1995 (mit Detlev F. Vagts)
4 Introduction to German Law. Kluwer Law International : Den Haag 1996 (mit Matthew W. Finkin)
5 Festschrift für Bernhard Großfeld. Verlag Recht und Wirtschaft : Heidelberg 1999 (mit Ulrich Hübner)
6 Festschrift für Otto Sandrock. Verlag Recht und Wirtschaft : Heidelberg 2000 (mit Klaus Peter Berger, Siegfried Elsing, Bernhard Großfeld & Gunther Kühne)

Ⅲ 論説および判例評釈

1 Probleme der Unternehmensverfassung in rechtshistorischer und rechtsvergleichender Sicht (I und II), Die AG 1977, 57-65 und 92-102 (mit Bernhard Großfeld)
2 Fusionskontrolle in den USA, in : Deutscher Industrie- und Handelstag (Hrsg.), Fusionskontrolle in USA, Bonn 1978, S. 11-37
3 Controlling the Modern Corporation : A Comparative View of Corporate Power in the United States and Europe, American Journal of Comparative Law 26 (1978), 397-433 (mit Bernhard Großfeld)
4 Erweiterte Anzeigepflichten bei Unternehmenszusammenschlüssen in den USA. Hart-Scott-Rodino Antitrust Improvements Act von 1976 und FTC Premerger Notification Rules von 1978, RIW 25 (1979), 297-302
5 Ende der State Take-over Statutes in den USA ? Great Western United Corporation v. Kidwell, RIW 25 (1979), 594-599 (mit George Berlstein)
6 Anmerkung zum Urteil des Bundesgerichtshofs vom 28. 2. 1980, JZ 1980, 652-655 (mit Renate Neumann) (betr. Internationales Gesellschaftsrecht)
7 Strukturprinzipien des deutschen Rundfunks und privatrechtliche Organisationsformen im EG-Bereich, in : Heinz Hübner/Dietrich Oehler/-Klaus Stern (Hrsg.), Satellitenfernsehen und deutsches Rundfunksystem, München 1983, S. 29-62 (mit Bernhard Großfeld)
8 Die "Close Corporation" : Notwendige Beschlüsse des Board of Directors

und das Problem des "Deadlock", IPRax 1983, 18-22

9 Die Anknüpfung der Rechtsnachfolge von Todes wegen nach niederländischem Kollisionsrecht. Zum Rückgriff auf die "wahrscheinlichste Anknüpfung" bei nicht sicher feststellbarem Inhalt ausländischer Kollisionsnormen, RabelsZ 48 (1984), 319-348

10 In Search of Alternatives : Comparative Reflections on Corporate Governance and the Independent Auditor's Responsibilities, Northwestern University Law Review 79 (1984), 663-720

11 Accountants' Liability to Third Parties at Common Law and under Federal Securities Laws in the United States : Evolution, Development, Perspectives (Teile I-III), Journal of South African Law/Tydskrif vir die Suid-Afrikaanse Reg 1984, 121-141 ; 1984, 229-249 ; 1985, 33-54

12 Unitary Taxes Need Court Test, Dallas Times Herald, Aug. 26 - Sept. 1, 1985, S. 4

13 Double Taxation, in : Rudolf Bernhardt (Hrsg.), Encyclopedia of Public International Law, Bd. 8, Amsterdam, New York, Oxford 1985, S. 138-141

14 Enforcement Techniques within the European Communities : Flying Close to the Sun with Waxen Wings, Journal of Air Law and Commerce 50 (1985), 685-725 = (mit Änderungen) Joseph J. Norton (Hrsg.), Public International Law and the Future World Order, Liber Amicorum in Honor of A. J. Thomas, Littleton, Colorado, 1987, S. 6-1 - 6-48

15 Vermögensgegenstände und Verbindlichkeiten, die erst nach dem Abschlußstichtag rechtlich entstehen, in : Ulrich Leffson/Dieter Rückle/Bernhard Großfeld (Hrsg.), Handwörterbuch unbestimmter Rechtsbegriffe im Bilanzrecht des HGB, Köln 1986, S. 343-345

16 Verrechnungsverbot, in : Ulrich Leffson/Dieter Rückle/Bernhard Großfeld (Hrsg.), Handbuch unbestimmter Rechtsbegriffe im Bilanzrecht des HGB, Köln 1986, S. 365-374

17 Anmerkung zum Urteil des Bundesgerichtshofs vom 19. 3. 1986, JZ 1986, 1111-1116 (mit Benedikt Fechtrup) (betr. Berufshaftung)

18 Les techniques contentieuses d'application du droit des Communautés européennes, Revue trimestrielle de droit européen 22 (1986), 209-230

19 Lender Liability to Debtors : Toward a Conceptual Framework, Southwestern Law Journal 40 (1986), 775-817 = (mit Änderungen) Koresuke Yamauchi (Hrsg.), Beiträge zum japanischen und ausländischen Bank- und Finanzrecht, Veröffentlichungen des Japanischen Instituts für Rechtsvergleichung, Bd. 10, Tokio 1987, S. 49-103 (mit James R. Griffin)

20 Zu den Verhaltenspflichten der Kreditinstitute gegenüber sanierungsbedürftigen Kunden im U.S.-amerikanischen Recht, RIW 33 (1987),

329-339

21 Die "ausländische Kapitalgesellschaft & Co. KG" und das europäische Gemeinschaftsrecht, ZGR 16 (1987), 245-270

22 Neuere Entscheidungen zum US-amerikanischen Handels- und Wirtschaftsrecht, RIW 34 (1988), 997-1001

23 The Limited Partnership and Transnational Combinations of Business Forms : "Delaware Syndrome" versus European Community Law, The International Lawyer 22 (1988), 191-205

24 Transnational Investments and Germany's Value-Added Tax : A Statute in Search of a Purpose, in : Festschrift für Otto L. Walter, Osnabrück 1988, S. 207-240

25 Die beschränkt-beschränkte Haftung von Kapitalgesellschaftern nach dem Recht von New York und Wisconsin, RIW 35 (1989), 413-423 (mit Christoph Stadler)

26 Neuere Entwicklungen im US-amerikanischen Handels- und Wirtschaftsrecht, RIW 35 (1989), 393-399

27 Good Faith and Fair Dealing in Commercial Lending Transactions : From Covenant to Duty and Beyond, Ohio State Law Journal 49 (1989), 1237-1249 = (mit Änderungen) Joseph J. Norton/W. Mike Baggett (Hrsg.), Lender Liability : Law and Litigation, New York 1989, Kap. 4 = (mit Änderungen) Journal of South African Law/Tydskrif vir die Suid-Afrikaanse Reg 1990, 366-379 (mit James R. Griffin)

28 Article VIII, Section 2(b), International Monetary Cooperation, and the Courts, The International Lawyer 23 (1989), 677-710 = (mit Änderungen) Festschrift in Honor of Sir Joseph Gold, Heidelberg 1990, S. 63-100

29 Editor's Tribute, The International Lawyer 23 (1989), 803-806 = Festschrift in Honor of Sir Joseph Gold, Heidelberg 1990, S. 13-16

30 Neuere Entwicklungen im US-amerikanischen Handels- und Wirtschaftsrecht, RIW 36 (1990), 145-152

31 Auditors' Liability to Third Parties : Adventures in Comparative Law, Obiter 1989-1990, 9-47

32 Professor Dr. Otto Sandrock 60 Jahre, BB 1990, Heft 3, S. VII

33 Interlocking Directorates, ZGR 19 (1990), 50-106

34 Commercial Lender Liability, Banking Deregulation, and Deposit Insurance, Journal of South African Law/Tydskrif vir die Suid-Afrikaanse Reg 1990, 11-28

35 Enforcement of Foreign Country Money-Judgments and Arbitral Awards and the Restatement (Third) of the Foreign Relations Law of the United States : A Conventional Approach, The International Lawyer 24 (1990),

21-54 = (mit Änderungen) Werner F. Ebke/Joseph J. Norton/Janet P. Balch (Hrsg.), Commentaries on the Restatement (Third) of the Foreign Relations Law of the United States, Chicago 1992, S. 115-148 (mit Mary E. Parker)

36 Die zweite Stufe der Liberalisierung des Linienluftverkehrs in der EG: Open Skies in Europa ?, RIW 36 (1990), 468-478 = (mit Änderungen) Sonderforschungsbereich 178 "Internationalisierung der Wirtschaft", Diskussionbeiträge, Serie II - Nr. 111, Konstanz 1990 (mit Georg Wenglorz)

37 Datenverarbeitung und Steuerrecht, JuS 1990, 950-952 (mit Stefan Menner)

38 European Corporate Law, The International Lawyer 24 (1990), 239-250 (mit Markus Gockel)

39 Legal Implications of Germany's Reunification, The International Lawyer 24 (1990), 1130-1132

40 Erste Erfahrungen mit dem EG-Schuldvertragsübereinkommen, in: Christian von Bar (Hrsg.), Europäisches Gemeinschaftsrecht und Internationales Privatrecht, Köln, Berlin, Bonn, München 1990, S. 77-106

41 Wettbewerb im Linienluftverkehr: Erste Erfahrungen mit der Deregulierung in den USA, RIW 36 (1990), 962-968 = (mit Änderungen) Sonderforschungsbereich 178 "Internationalisierung der Wirtschaft", Diskussionsbeiträge, Serie II - Nr. 128, Konstanz 1991 (mit Markus Wittmann)

42 Der Internationale Währungsfonds und das internationale Devisenrecht, RIW 37 (1991), 1-8

43 Neuere Entwicklungen im US-amerikanischen Handels- und Wirtschaftsrecht, RIW 37 (1991), 772-779

44 Die Konzernierung im US-amerikanischen Recht, in: Ernst-Joachim Mestmäcker/Peter Behrens (Hrsg.), Das Gesellschaftsrecht der Konzerne im internationalen Vergleich, Baden-Baden 1991, S. 279-327

45 Formation of Contracts and Precontractual Liability: Federal Republic of Germany, Les Dossiers de l'Institut, Chambre de Commerce Internationale, Paris 1991, S. 35-45

46 Internationale Kreditverträge und das internationale Devisenrecht, JZ 1991, 335-342

47 Die Haftung des Wirtschaftsprüfers für fahrlässig verursachte Vermögensschäden Dritter, WM 1991, 389-398 (mit Hansjörg Scheel)

48 Bestechung ausländischer Amtsträger und Act of State Doctrine: Anmerkungen zur Kirkpatrick-Entscheidung des United States Supreme Court, IPRax 1991, 148-155

49 Management Buy-Outs, ZHR 155 (1991), 132-162

50 Liberalizing Scheduled Air Transport within the EEC : From the First Phase to the Second and Beyond, Transportation Law Journal 19 (1991), 417-452 = Denver Journal of International Law & Policy 19 (1991), 493-527 (mit Georg Wenglorz)

51 Juristenausbildung in den USA, in : Justizministerium Baden-Württemberg (Hrsg.), Brauchen wir eine neue Juristenausbildung ?, Stuttgart 1991, S. 42-64

52 Wettbewerbsrechtliche Ansprüche öffentlich-rechtlicher und privater Rundfunkveranstalter, in : Heinz Hübner/Dieter Oehler/Klaus Stern (Hrsg.), Rechtsprobleme der privaten Rundfunkordnung, München 1992, S. 57-82 (mit Hansjörg Scheel)

53 Anmerkung zum Urteil des Bayerischen Obersten Landesgerichts vom 7. 5. 1992, WuB II C. § 3 GmbHG 1.92 (betr. Internationale Sitzverlegung)

54 Internationale Kreditverträge und das internationale Devisenrecht : Schlußwort, JZ 1992, 784-786

55 Neuere Entwicklungen im US-amerikanischen Handels- und Wirtschaftsrecht, RIW 38 (1992), 586-591

56 Legal Education in the United States of America, in : Bruno De Witte/-Caroline Forder (Hrsg.), The Common Law of Europe and the Future of Legal Education, Deventer 1992, S. 95-111

57 Revision und Revisionshaftung im neuen schweizerischen Aktienrecht, RIW 38 (1992), 823-836

58 The Regulation of Management Buyouts in American Law : A European Perspective, in : Klaus J. Hopt/Eddy Wymeersch (Hrsg.), European Takeovers - Law and Practice, London u.a. 1992, S. 295-313

59 Die Revision aus schweizerischer und europäischer Sicht : Der normative Rahmen der Rechnungslegung und Revision (1. Teil), Der Schweizer Treuhänder/L'EXPERT-COMPTABLE SUISSE 66 (1992), 772-777

60 Die Revision aus schweizerischer und europäischer Sicht : Umfang der Prüfungspflichten der Revisionsstelle (2. Teil), Der Schweizer Treuhänder/L'EXPERT-COMPTABLE SUISSE 67 (1993), 27-32

61 Die Revision aus schweizerischer und europäischer Sicht : Offene Fragen zur Revisionshaftung (3. Teil), Der Schweizer Treuhänder/ L'EXPERT-COMPTABLE SUISSE 67 (1993), 199-206.

62 Artikel VIII Abschnitt 2(b) des Übereinkommens über den Internationalen Währungsfonds und die Schweiz : "2(b) or Not 2(b)", in : Festschrift für Beat Kleiner, Zürich 1993, S. 303-323

63 Neuere Entwicklungen im US-amerikanischen Handels- und Wirt-

schaftsrecht, RIW 39 (1993), 508-516

64 Die Rechtsprechung zur "Unklagbarkeit" gemäß Art. VIII Abschn. 2(b) S. 1 IWF-Übereinkommen im Zeichen des Wandels, WM 1993, 1169-1177

65 Devisenrecht als Kapitalaufbringungssperre ?, RIW 39 (1993), 613-626

66 Neuere Entwicklungen im US-amerikanischen Handels- und Wirtschaftsrecht, RIW 39 (1993), 767-774

67 Vereinheitlichung der Abschlußprüferhaftung in Europa durch Rechtsprechung. Die Abschlußprüferhaftung gegenüber Dritten nach der Caparo-Entscheidung des House of Lords, EWS 4 (1993), 229-237 (mit Peter Bert)

68 Geht die Revisionshaftung in den USA neue Wege ?, Der Schweizer Treuhänder/L'EXPERT COMPTABLE SUISSE 67 (1993), 667-676 = (mit Änderungen) WPK-Mitteilungen 34 (1995), 11-17

69 Der Unternehmer im deutschen und europäischen Umsatzsteuerrecht, EWS 4 (1993), 346-354 (mit Henning Andrees)

70 Personelle Verflechtungen von Kapitalgesellschaften, Unternehmenskonzentration und Wettbewerb, ZVglRWiss 93 (1994), 38-79 (mit Hermann Geiger)

71 Kapitalverkehrskontrollen und das Internationale Privatrecht nach der Bulgarien-Entscheidung des Bundesgerichtshofs, WM 1994, 1357-1368

72 Unternehmenskontrolle durch Gesellschafter und Markt, in : Otto Sandrock/Wilhelm Jäger (Hrsg.), Internationale Unternehmenskontrolle und Unternehmenskultur, Tübingen 1994, S. 7-35

73 Article VIII, Section 2(b) of the IMF Articles of Agreement and International Capital Transfers : Perspectives from the German Supreme Court, The International Lawyer 28 (1994), 761-771

74 Por un Sistema Uniforme de Responsabilidad del Auditor en la Administración de Justicia Europea, Revista de Investigaciones Juridicas 18 (1994), 349-372 (mit Martín Antonio de la Garza)

75 Einlagensicherung, Bankenaufsicht und Wettbewerb in den USA und in der Europäischen Union, ZVglRWiss 94 (1995), 1-41

76 Neuere Entwicklungen im US-amerikanischen Handels- und Wirtschaftsrecht, RIW 41 (1995), 64-70

77 The Doctrine of Good Faith in German Contract Law, in : John Beatson/Daniel Friedman (Hrsg.), Good Faith and Fault in Contract Law, Oxford 1995, S. 171-190 (mit Bettina M. Steinhauer)

78 Aufgaben und Verantwortlichkeit der Revisionsstelle im schweizerischen Aktienrecht, WPK-Mitteilungen 34 (1995), 121-134

79 Abschlußprüferhaftung im internationalen Vergleich, in : Festschrift für

Reinhold Trinkner, Heidelberg 1995, S. 493-524

80 Anmerkung zum Urteil des Europäischen Gerichtshofs vom 14. 12. 1995, WuB I H 4.-1.96, 1273-1278 (betr. Freiheit des Kapitalverkehrs)

81 Risikoeinschätzung und Haftung des Wirtschaftsprüfers und vereidigten Buchprüfers - international, WPK-Mitteilungen Sonderheft April 1996, 17-40

82 Renaissance-Juristinnen und -Juristen für das 21. Jahrhundert, JZ 1996, 995-998

83 Internationaler Dienstleistungshandel, Unternehmenskooperation und das Problem des "Holding-out", in : Festschrift für Ernst-Joachim Mestmäcker, Baden-Baden 1996, S. 863-879 = (mit Änderungen) WPK-Mitteilungen 37 (1998), 90-99

84 Duties and Responsibilities of Independent Auditors : Lessons from the Experience of Leading Market Economies, in : United Nations Conference on Trade and Development (UNCTAD), Responsibilities and Liabilities of Accountants and Auditors : Proceedings of a Forum, Genf 1996, 7-18

85 Zivilrechtliche Haftung des gesetzlichen Abschlußprüfers, WPK-Mitteilungen 36 (1997), 22-24

86 Comments on Section 5 of the European Commission Green Paper Entitled : The Role, the Position and the Liability of Statutory Auditors within the European Union, in : Minet Inc., 1997 MPDF, 1997, Kap. VIII

87 The Statutory Auditor's Professional Liability, in : European Commission, Act of the Conference on the Role, the Position and the Liability of the Statutory Auditor within the European Union, 1997, 197-201

88 Zum Ausschluß der Dritthaftung im Rahmen des Entwurfs eines Gesetzes zur Kontrolle und Transparenz im Unternehmensbereich (KonTraG), WPK-Mitteilungen 36 (1997), 108-113

89 Rechnungslegung und Abschlußprüfung im Umbruch, in : Rechnungslegung und Abschlussprüfung in globalen Kapitalmärkten, WPK-Mitteilungen Sonderheft Juni 1997, 12-24

90 Haftung des Pflichtprüfers aufgrund der Rechtsfigur des Prüfungsvertrages mit Schutzwirkung für Dritte weiterhin höchstrichterlich unentschieden, WPK-Mitteilungen 36 (1997), 196-200

91 Company Law and the European Union : Centralized versus Decentralized Lawmaking, The International Lawyer 31 (1997), 961-986

92 Anmerkung zum Urteil des Bundesgerichtshofs vom 14. 11. 1996, JZ 1997, 1179-1181 (betr. Haftung des Steuerberaters für Geldbußen seines Mandanten) (mit Bernd Mößle)

93 Nachruf auf Professor Dr. Dr. h.c. Ernst C. Stiefel, ZVglRWiss 96 (1997), 313-315

94 Keine Dritthaftung des Pflichtprüfers für Fahrlässigkeit nach den Grundsätzen des Vertrages mit Schutzwirkung für Dritte, BB 1997, 1731-1734

95 Anmerkung zum Urteil des Bundesgerichtshofs vom 21. 4. 1997, WPK-Mitteilungen 37 (1998), 76-81 (betr. Vereinbarkeit von Prüfung und Beratung, § 319 HGB)

96 Neuere Entwicklungen im US-amerikanischen Handels- und Wirtschaftsrecht, RIW 44 (1998), 149-155

97 Unternehmensrecht und Binnenmarkt - E pluribus unum ?, RabelsZ 62 (1998), 196-242 (Dritte Ernst-Rabel-Vorlesung)

98 Schuldrechtliche Teilzeitwohnrechte an Immobilien im Ausland und kein Widerrufsrecht : Zum Ende der Altfälle, IPRax 18 (1998), 263-270

99 La responsabilité professionelle du contrôleur légal des comptes, in : Actes de la conférence sur le rôle, le statut et la responsabilité du contrôleur légal des comptes dans l'Union Européenne, 1998, 205-210

100 Anmerkung zum Urteil des Bundesgerichtshofs vom 2. 4. 1998, WPK-Mitteilungen 37 (1998), 258-263

101 Abschlußprüfer, Bestätigungsvermerk und Drittschutz, JZ 1998, 991-997

102 Massenschäden - Kausalität - Haftung nach Marktanteilen, in : Festschrift für Ulrich Drobnig, Tübingen 1998, S. 507-523

103 Unternehmensrechtsangleichung in der Europäischen Union : Brauchen wir ein European Law Institute ?, in : Festschrift für Bernhard Großfeld, Heidelberg 1999, S. 189-221

104 Der Euro - Ein Glücksfall für Europa, EWS 1999, Heft 2, S. I

105 Neuere Entwicklungen im US-amerikanischen Handels- und Wirtschaftsrecht, RIW 45 (1999), 374-379

106 Anmerkung zum Urteil des LG Hamburg vom 22. 6. 1998, WPK-Mitteilungen 38 (1999), 114-117

107 Der Deutsche Standardisierungsrat und das Deutsche Rechnungslegungs Standards Committee : Aussichten für eine professionelle Entwicklung von Rechungslegungsgrundsätzen, ZIP 29 (1999), 1193-1203

108 Das Schicksal der Sitztheorie nach Centros, JZ 1999, 656-661

109 Die Zukunft der Rechtsetzung in multijurisdiktionalen Rechtsordnungen : Wettbewerb der Rechtsordnungen oder zentrale Regelvorgabe - am Beispiel des Gesellschafts- und Unternehmensrechts, Zeitschrift für Schweizerisches Recht, Beiheft 28 (1999), 106-127

110 Anmerkung zum Urteil des EuGH vom 16. 3. 1999, Rs. C-222/97, WuB I F

3.-.99 (1999) (mit Anusch Tavakoli) (betr. Freiheit des Kapitalverkehrs)

111 The German Law of Obligations : The German Civil Code's Ambassador to the English-speaking Legal Communities, Oxford Journal of Legal Studies 19 (1999), 547-552

112 Anmerkung zum Urteil des OLG Düsseldorf vom 15. 12. 1998, WPK-Mitteilungen 38 (1999), 262-264 (mit Boris Paal)

113 Einkommensbesteuerung im Recht der Europäischen Union, JZ 1999, 1131-1139 (mit Kevin Deutschmann)

114 Kommentarklassiker zum Bilanzrecht - die Vierte, BB 1999, 2515

115 Market Share Liability, Journal of South African Law/Tydskrif vir die Suid-Afrikaanse Reg 1999, 665-683

116 Die Haftung des gesetzlichen Abschlußprüfers im Internationalen Privatrecht, in : Festschrift für Otto Sandrock, 2000, S. 243-266

117 Accounting, Auditing, and Global Capital Markets, in : Theodor Baums, Klaus J. Hopt und Norbert Horn (Hrsg.), Corporations, Capital Markets and Business in the Law. Liber Amicorum Richard M. Buxbaum, 2000, S. 113

118 Anmerkung zum Urteil des OLG Düsseldorf vom 10. 9. 1998, JZ 2000, 203-205 (betr. Europarechtskonformität der internationalgesellschaftsrechtlichen Sitztheorie)

119 Neuere Entwicklungen im US-amerikanischen Handels- und Wirtschaftsrecht, RIW 46 (2000), 295-299

120 Der praktische Fall : Die "Encyclopedia Finlandia" oder faule Praktiken bei Verkaufsveranstaltungen, Jura 2000, 191-196 (mit Nicola Neumann)

121 Der unerwünschte Abschlußprüfer : Ersetzungsverfahren (§ 318 Abs. 3 HGB) versus Anfechtungsklage (§ 243 Abs. 1 AktG), Die Aktiengesellschaft 2000, 208-216 (mit Ann-Veruschka Jurisch)

122 Verfassungswidrige Steuernormen, Gewaltenteilungsgrundsatz und das Bundesverfassungsgericht, in : Festschrift für Karlmann Geiß, 2000, S. 571-592 (mit Oliver Fehrenbacher)

123 Die Internationalisierung der Rechnungslegung, Revision und Publizität und die Schweiz (Grundreferat für den Schweizer Juristentag 2000), ZSR 119 (2000), 39-93 = Referate und Mitteilungen des Schweizerischen Juristenvereins Heft 1, 2000, 39-93

124 Economic Integration, Corporate Governance, and Capital Market Regulation : In Search of a New Model for the European Union, in : Hans-Jürgen Vosgerau (Hrsg.), Institutional Arrangements for Global Economic Integration, 2000, S. 64-92

125 Haftung bei Rechnungslegung und Prüfung international, in : Wolfgang

Ballwieser/Adolf G. Coenenberg/Klaus von Wysocki (Hrsg.), Handwörterbuch der Rechnungslegung und Prüfung, Stuttgart 2000 (im Druck)

126 Das Internationale Gesellschaftsrecht und der Bundesgerichtshof, in: Festgabe aus der Wissenschaft anlässlich des 50-jährigen Bestehens des Bundesgerichtshofs, 2000, 799-824

127 Centros - Some Realities and Some Mysteries, American Journal of Comparative Law 48 (2000), 623-660

128 Märkte machen Recht - auch Gesellschafts- und Unternehmensrecht !, in: Festschrift für Marcus Lutter, 2000, 17-30

129 Die Haftung des gesetzlichen Abschlußprüfers in der Europäischen Union, ZVglRWiss 100 (2001) Heft 1 (im Druck)

130 Einkommensbesteuerung in der Exklave Büsingen am Hochrhein zwischen Recht und Billigkeit, in: Festschrift für Hartmut Maurer, 2001 (erscheint im Mai 2001)

131 The Impact on Transparency Regulation on Company Law, in: Hopt/Wymeersch (Hrsg.), Corporate Governance (im Druck)

132 Haftung bei Rechnungslegung und Prüfung international, in: Wolfgang Ballwieser/Adolf G. Coenenberg/Klaus von Wysocki (Hrsg.), Handwörterbuch der Rechnungslegung und Prüfung, Stuttgart 2001 (im Druck)